Robert Erich Willy Feiler

Die Moral des Albertus Magnus

ein Beitrag zur Geschichte der Ethik des Mittelalters

Robert Erich Willy Feiler

Die Moral des Albertus Magnus
ein Beitrag zur Geschichte der Ethik des Mittelalters

ISBN/EAN: 9783743385085

Hergestellt in Europa, USA, Kanada, Australien, Japan

Cover: Foto ©ninafisch / pixelio.de

Manufactured and distributed by brebook publishing software (www.brebook.com)

Robert Erich Willy Feiler

Die Moral des Albertus Magnus

Die Moral des Albertus Magnus.

Ein Beitrag

zur Geschichte der Ethik des Mittelalters.

Inaugural-Dissertation

zur

Erlangung der Doctorwürde

vorgelegt der hohen philosophischen Facultät

der

Universität Leipzig

von

Willy Feiler.

Leipzig-Reudnitz
Druck von Oswald Schmidt
1891.

Herrn

Dr. August Potthast

Bibliothekar des Deutschen Reichstages

in

aufrichtiger Dankbarkeit und Verehrung

gewidmet

vom Verfasser.

Inhalt.

Seite

Einleitung 7

I.

Biographische Skizze Alberts 10
Betrachtung seiner ethischen Schriften nach . 12
    allgemeinem Inhalt
    Form der Abfassung
    Zeit der Entstehung.

II.

Spezieller Inhalt derselben 19
    der summa theologiae (Auswahl des Ethischen) . 20
    des paradisus animae 51
    des liber de adhaerendo deo 55

III.

Kurze Zusammenfassung der Ethik Albert's 57
Ihre Merkmale und Bestandteile 58
Ihre Quellen (Fremdes und Eigenes) 67
Ihr Einfluss 73

Schlusswürdigung 77

Unter den Männern, welche im Mittelalter die christliche Wissenschaft gefördert haben, leuchtet die Gestalt des Albertus Magnus besonders hervor. Wenn die Behauptung des Aristoteles in der nikomachischen Ethik wahr ist, dass es auf dem Gebiete der geistigen Thätigkeit das Wichtigste und Schwierigste ist, die Fundamente zum Bau einzusenken, mag dieser selbst später auch noch so herrlich von anderen errichtet werden, so müssen wir den Arbeiten Alberts ein hohes Verdienst zumessen. Ist sein spekulatives Lehr- und Denksystem auch von seinen Nachfolgern wesentlich ausgebaut worden, hat ihn auch mancher von den Späteren bezüglich der systematischen Anordnung seiner Lehren und des sprachlichen Gewandes, also inhaltlich und äusserlich übertroffen, das steht sicher fest, dass seinen Leistungen eine grundlegende Bedeutung zukommt. Ohne Albert wäre z. B. kein Thomas zu denken. Doch nicht nur hinsichtlich dieses Anstosses, der von Alberts Schriften ausging und zu neuem und noch tieferem Eingehen auf die in der Wissenschaft damaliger Zeit gestellten Aufgaben einlud, verdient dieser Mann lobend erwähnt zu werden. Beinahe noch grössere Bewunderung müssen wir ihm entgegenbringen, wenn wir einen Blick auf die zahlreichen Gegenstände werfen, denen sein Fleiss und Scharfsinn sich zuwandten.

Albert war nicht nur Philosoph und Theolog, sondern, soweit man darüber von jener Zeit sprechen darf, auch Naturforscher, und auf allen drei Gebieten einer der fruchtbarsten Schriftsteller, die je gelebt haben. Bei allen Anforderungen, die sein unruhiges Leben im vielfachen Dienste der Kirche und Wissenschaft an ihn stellte, ist es ihm doch möglich gewesen, eine geradezu erstaunliche Masse von Schriften zu verfassen, die in ihrer Gesamtheit eine kleine Bibliothek im Mittelalter bedeuten möchten. Zu diesen wissenschaftlichen Vorzügen gesellte sich nun noch ein Lebenswandel in ernster Pflichttreue und Tugendübung, der die Blicke seiner Zeitgenossen mit bewundernder Anerkennung auf seiner Gestalt ruhen liess. Auf Albert mehr wie auf irgend einen anderen passen seine eigenen, im Kommentar zur nikomachischen Ethik geäusserten Worte: „Ein Mann empfiehlt sich durch seinen Namen, seine Wissenschaft und das Verdienst seiner Tugend." Die Bedeutung Alberts war schon bei seinen Zeitgenossen unangefochten: man schmückte seinen Namen mit dem Zusatz Magnus, man nannte ihn den Dr. universalis, man pries seine Tugend. Aber auch bei der Nachwelt ist das Interesse an diesem Manne und seinen Werken wach geblieben. Wenn bis heute die Arbeiten moderner Gelehrten über Albert noch nicht sehr zahlreich sind, so ist der Grund dafür nicht weit zu suchen. Die Beschäftigung mit der Scholastik ist nach Art und Beschaffenheit der Quellen eine zeitraubende, mühevolle und schliesslich doch wenig dankbare, so dass die im Verhältnis zu den anderen Perioden der Philosophie geringe Anzahl der Schriftsteller auf diesem Gebiete nicht weiter auffällt. Dennoch besitzen wir bereits eine Anzahl Werke, die wenigstens in einigen Punkten uns die Gestalt Alberts näher rücken. Sein Leben ist namentlich von Sighart, v. Hertling und einem Anonymus betrachtet, seine schriftstellerische Thätigkeit nach verschiedenen Gesichtspunkten von v. Hertling, Bach, Joël, Endriss, v. Weddingen u. a. untersucht worden. Zu diesen monographischen Darstellungen kommen dann noch die bekannten umfassenden Geschichtswerke, die im Zusammenhange der historischen Entwicklung auch den einzelnen an seinem Orte berücksichtigen: die kirchengeschichtlichen Arbeiten von Schroeckh, Kurz u. a., die Geschichten der Philosophie von Ritter, Erdmann, Ueberweg-Heinze, Stöckl u. a., die Geschichten einzelner Disciplinen, z. B. der Logik (Prantl), der Ethik (Stäudlin, Gass, Luthardt, Ziegler), der Psychologie (Siebeck), der Botanik (Meyer).

In den vorliegenden Blättern soll die Moral Alberts, über die eine besondere, eingehende Abhandlung unseres

Wissens noch nicht erschienen ist, dargestellt werden. Für diese Aufgabe konnten die meisten der eben aufgezählten Schriften nach diesem oder jenem Punkte hin Berücksichtigung finden. Einige ausserdem für unseren Gegenstand bemerkenswerte Bücher werden bei Gelegenheit noch namhaft gemacht werden. Der ethische Stoff selbst ist ausschliesslich aus den Werken Alberts geschöpft worden. die in der freilich sehr unvollkommenen Ausgabe von Petrus Jammy (Lugd. 1651. in 21 Foliobänden) vorliegen.

I.

Ehe wir uns nun einer Schilderung der ethischen Ausführungen Alberts und danach einer historisch-kritischen Würdigung derselben unterziehen, wird es zunächst nötig sein, einen kurzen Blick auf das Leben Alberts zu werfen. Sodann werden wir erst noch einen allgemeinen Bericht über diejenigen Werke unseres Ethikers geben, welche uns als Quellen für unsere beabsichtigte Darstellung dienen sollen.

Das wenige Sichere, was wir über die Lebensumstände Alberts wissen, dürfte folgendes sein. Albert wurde, nach allgemeiner Annahme, im Jahre 1193 im schwäbischen Städtchen Lauingen geboren. Als etwa zwanzigjähriger Jüngling kam er wohlvorbereitet nach Padua, wo er hauptsächlich philosophische und naturwissenschaftliche Studien trieb und bis 1223 blieb. In diesem Jahre trat er in den aufblühenden Dominikanerorden ein, ein Schritt, der für sein ganzes Leben bedeutungsvoll wurde. Zum Zwecke theologischer Studien, welche er bis dahin wohl noch nicht betrieben hatte, ging er nun nach Bologna und wahrscheinlich auch nach Paris und wurde dann im Anfang des dritten Jahrzehnts Lesemeister in Köln. In dieser Stadt hat Albert, nach seiner eigenen Aussage, den grösseren Teil seines Lebens, allerdings mit vielen Unterbrechungen, „verweilt und gelehrt." Nicht viel später finden wir ihn als Lehrer auf der, den Dominikanern vor kurzem erschlossenen Lehrkanzel in Paris und weiterhin in gelehrter Mission in verschiedenen Dominikanerklöstern Deutschlands. 1245 wurde Albert von seinem Orden nach Paris geschickt, wo er nach Erlangung der akademischen

Grade bis 1248 eine grosse Lehrthätigkeit entfaltete. In letzterem Jahre geschah die Erhebung des Klosters Köln zur Hochschule des Ordens für Deutschland. Albert wurde Generallesemeister an derselben. 1254 zum Provinzial für Deutschland erwählt, bereiste er als solcher nach einander den ganzen ihm unterstellten Bezirk bis zum Jahre 1258, in welchem er von diesem Amte entbunden wurde. 1260 berief ihn das Vertrauen seines obersten Kirchenfürsten, dem er bereits 1256 in Anagni kurze Zeit als magister sacri palatii gedient hatte, zum Bischof von Regensburg. Diese Stellung bekleidete er etwa zwei Jahre. Nachdem er noch 1263 und 64 als Kreuzzugsprediger gewirkt hatte, was freilich von einigen im Hinblick auf sein hohes Alter bezweifelt wird, hielt er sich ohne besonderes Amt die letzten anderthalb Jahrzehnte seines Lebens an den verschiedensten Orten Deutschlands auf, stets auf das gute Gedeihen der zahlreichen Stiftungen seines Ordens bedacht. Nach vielen Reisen brachte er schliesslich seine letzten Jahre in Köln zu, wohin er sich übrigens während seines bewegten Lebens oft auf längere oder kürzere Zeit zurückbegeben hatte, und starb daselbst im Jahre 1280 im Alter von 87 Jahren.

Wie diese Daten zeigen, war das Leben Alberts dem Dienste der Kirche und Wissenschaft gewidmet. Es spielte sich ab zu einer Zeit, in der die Hierarchie auf dem Gipfel ihrer Macht angelangt war, und mittelalterliche Wissenschaft und Kunst ihre Blütezeit hatten. Inmitten scholastischer Anschauungen lebend und unter ihrem Einflusse erzogen, wurde Albert später selbst eine der ersten Säulen der Scholastik. Wir sehen ihn als Lehrer in Klöstern und Hochschulen an vielen Orten thätig und von zahlreichen Schülern umringt, daneben als kirchlichen Würdenträger in einflussreichen Stellungen, ganz besonders aber als eifrigen Förderer der Interessen des Ordens, dessen Mitglied er war. Natürlich spiegelten sich seine Zeit und sein Beruf in seinen Werken wieder; im Hinblick auf sein Leben werden wir seine Anschauungen und manche Eigentümlichkeiten besser verstehen.

Nach diesem kurzen Ueberblicke über die Lebensverhältnisse unseres Scholastikers ist es an der Zeit, nach den Schriften zu fragen, die für uns Quellen seiner Ethik sind. Dieselben fliessen nicht reichlich; es sind im wesentlichen drei, nämlich summa theologiae pars I und II, paradisus animae und de adhaerendo deo. Bezüglich jeder einzelnen von diesen ist es unsere Aufgabe, erst im allgemeinen über Inhalt sowie über Form und Zeit der Abfassung uns zu unterrichten, bevor wir im zweiten Teil unserer Arbeit den ethischen Inhalt der Werke Alberts im besonderen zu schildern versuchen werden.

Albert verfasste seine summa theologiae*), wie er selbst im Eingange derselben sagt, „auf Bitten seiner Ordensbrüder und vieler anderen." Er wollte damit, wie Erdmann (Gesch. d. Philos. Band 1 p. 348) ansprechend vermutet, den Dominikanern dasselbe bescheren, was die Franziskaner in dem gleichnamigen Werke des Alexander Halesius längst besassen, nämlich eine umfassende dialektisch begründete Darstellung der kirchlichen Lehre. Bekanntlich galt der Scholastik, wenigstens in ihrer Blütezeit, um die es sich hier handelt, die Philosophie als Magd der Theologie, der übernatürliche Inhalt der Offenbarung sollte, mit einigen Ausnahmen, durch das natürliche Licht der Vernunft begründet werden. Eine Widerlegung durch dieselbe war nicht gestattet; man war im Gegenteil vielmehr ohne weiteres von der Konformität zwischen Theologie und Philosophie überzeugt. Seit den Sentenzen des Petrus Lombardus verband die Scholastik die Ethik mit der Dogmatik. Da nun Albert dem Gedankengange dieses Werkes sich in seiner summa, wie hier gleich bemerkt werden mag, eng anschliesst, so waren die Grenzen seiner Darstellung von vornherein die denkbar weitesten. Er wollte unter Aufbietung des gesamten Rüstzeugs der scholastischen Methode die Universalwissenschaft von Gott und den Kreaturen geben. Von den ursprünglich vier geplanten Teilen sind nur zwei, die beiden ersten, fertig geworden. Sie werden durch einen Prolog eingeleitet und enthalten, der erste 20 Traktate und 80 Quästionen, der zweite 24 Traktate und 141 Quästionen. Der Inhalt der pars prima bezieht sich auf die Lehre von Gott, seinem Wesen und seinen Eigenschaften. Die pars secunda handelt

---
*) opp. XVII und XVIII.

von den Geschöpfen, den Engeln, der Welt und dem
Menschen; bezüglich des letzteren werden seine Schöpfung
nach Leib und Seele, sein Zustand vor dem Sündenfall
und an diesen anknüpfend die Erscheinung der Tugend
und namentlich der Sünde betrachtet. Der dritte Teil
„sollte von dem Erlöser aus jenen Übeln, von Christus
und den von ihm gezeigten Weg der Tugenden reden,
während der vierte die Verteilung der Erlösungsgnade
an die Menschen in den Sakramenten, sowie die Rückkehr
aller Kreatur vor und zu Gott in den letzten Dingen
lehren sollte" (Sighart, Alb. M., sein Leben und seine
Wissenschaft, Regensburg 1857, p. 240). Weshalb Albert
sein Werk nicht vollendet hat, ist nicht bekannt. Doch
dürfte nicht unwahrscheinlich sein, dass er im Hinblick
auf die inzwischen erschienene summa theologica seines
sechs Jahre vor ihm gestorbenen Schülers Thomas von
Aquino eine nochmalige Behandlung desselben Gegenstandes
für unnütz halten mochte. Wie der Inhalt, so ist auch
die äussere Form für die Schriftwerke jener Zeit charakteristisch. Sie stellen einen künstlichen Fachwerkbau dar,
in dem eines über das andere aufgeschichtet ist, der aber
durch eine festgegliederte Einteilung vor dem Zusammensturz geschützt wird. Der Klammern, die das Einzelne
zum Ganzen zusammenfügen, sind viele; von den tractatus
gehts durch die quaestiones, membra, articuli hinab bis zu
den particulae, auf das obiicitur und contra obiicitur folgt
schliesslich die solutio, die meist wieder eine Reihe distinctiones aufweist. Sind diese Eigenschaften schon an
sich geeignet, den Leser für die Dauer geradezu zu martern,
so wird der letzte Rest der Geduld desselben, von der
lächerlichen feierlich-ernsten Besprechung nie gewusster
und nie zu ergründender Dinge ganz zu geschweigen, noch
durch stilistische Unbeholfenheit und sprachlichen Barbarismus erschöpft. Gern soll zugestanden sein, dass ein
ästhetisches Gewand nicht eine notwendige, wenn auch
stets eine wünschenswerte Voraussetzung für eine wissenschaftliche Bethätigung ist, dass ferner alles Werden an
gewisse, durch die historische Entwicklung gegebene Gesetze gebunden ist. Wenn man aber, wie vielfach geschehen, die Schriften der Scholastiker mit den mittelalter-

lichen Bauwerken der Gotik verglichen hat, so kann ein solches Urteil nicht scharf genug zurückgewiesen werden. Gewiss finden sich hier wie da gemeinsame Merkmale, wie z. B. die stolze Haltung, das verwickelte Gefüge, die kunstreiche Filigranarbeit, die nicht erreichte Vollendung. Aber der Geist, der in beiden herrscht, ist doch ein gewaltig verschiedener. Mit Recht hat daher Ziegler (Gesch. der christl. Ethik, Strassburg 1886, pg. 282) darauf aufmerksam gemacht, dass „in jenen Gebilden von Stein die Schönheit der Form, die Leichtigkeit der himmelanstrebenden Türme, die freie Gliederung der Massen uns entzückt, während in diesen scholastischen Systemen die Hässlichkeit der Unform, die Gebundenheit an einen überlieferten Stoff und die Schwerfälligkeit und Einförmigkeit der Gliederung langweilig und öde uns entgegengähnt." Wenn also überhaupt ein Vergleich geschehen soll, so wird man sich durch diese Summen eher in einen Speicher versetzt fühlen, in welchem der Ertrag von Jahrhunderten nicht gerade wählerisch mit Neuerem zusammengehäuft liegt, dessen gedrückte Hallen und dumpfige Luft der Besucher mit der Anmut und Freiheit, wie sie draussen in der Natur herrschen, freudig wieder vertauscht. Was wir so im allgemeinen von der äusseren Gestalt der Scholastik bemerkten, gilt natürlich auch von Alberts summa, also auch von seiner Ethik, welche ein Bestandteil derselben ist. Über die Entstehungszeit der summa wissen wir, wie leider bei den meisten Schriften Alberts und überhaupt der Scholastiker, nichts Sicheres. Über den ersten Teil fehlt in dieser Hinsicht jede Nachricht. Da Albert im zweiten des Concils von Lyon gedenkt, muss er an demselben nach dem Jahre 1274 gearbeitet haben. Ebenso berichtet einer seiner Biographen, Rudolph von Nymwegen, Albert habe „nach Beendigung des Concils noch die letzten Teile seines grossen Werkes über die wunderbare Gotteswissenschaft, das Buch über die Eucharistie und das Schriftchen ‚Wie man Gott anhangen soll,' geschrieben." Beide Angaben, die Alberts und die Rudolphs, zwingen jedoch nicht zu der Annahme, dass der zweite Teil nach seiner Gesamtheit in dieser Zeit entstanden ist. Vielmehr wird man mit Sighart (l. c. pg. 239) annehmen, dass sich

die genannten Zeugnisse wohl nur auf Ergänzungen und
Erweiterungen beziehen, und dass Albert „nicht nur den
ersten Teil, sondern auch den Entwurf des zweiten schon
in früheren Jahren ausgearbeitet und bei seinen vielfachen
Vorlesungen benutzt hat." Die beiden anderen Abhandlungen Alberts, die wir für
unsere Arbeit benutzen müssen, haben spezifisch ethischen
Inhalt; es sind, wie schon bemerkt wurde, paradisus animae
sive de virtutibus libellus und de adhaerendo deo. Sahen
wir eben in der summa den spekulativen Theologen, so
tritt uns hier der mystische entgegen. Es ist ein gewisses
Halbdunkel, das uns bei der Lektüre der beiden genannten
Schriften umfängt. Eine streng gelehrte Behandlung
des Stoffes ist in ihnen nicht enthalten. Sie
tragen vielmehr den Charakter erbaulicher, für einen
grösseren Leserkreis berechneter Schriften an der Stirn;
ihre Form ist die der Paränese. Der Verfasser ergeht
sich in breitfliessendem Redestrome; seine Herzensergüsse
sollen dem Leser ein Wegweiser sein zur Überwindung
der Zeitlichkeit und zum allmählichen Würdigwerden für
das Eingehen in Gottes Herrlichkeit. In klaren, einfachen
Worten trägt er aus überquellendem Gemüte nach der
Weise der späteren Mystiker seine Gedanken vor. Im
paradisus*) geht der Mystiker mit dem Scholastiker Hand
in Hand. An den ersteren erinnert nicht nur der Titel
des Buches, sondern auch zum grösseren Teile der Inhalt;
an den letzteren die Spaltung der menschlichen Tugend
in zweiundvierzig einzelne Zierden. Eine solche Vervielfältigung
der Tugendnamen steht in der ethischen Litteratur
ohne gleichen da. Das Werkchen umfasst so viel
Kapitel, als Tugenden besprochen werden. Der Verfasser
arbeitete nach folgendem Schema. Zuerst stellt er in allgemeinen
Zügen den betreffenden Tugendbegriff hin, giebt
dann die Mittel (inductiva) an, durch welche man in den
Besitz der einzelnen tugendhaften Beschaffenheiten gelangt;
hierauf folgt eine Anführung der näheren Kennzeichen
(argumentum, signum), die den erlangten Besitz anzeigen,
und schliesslich eine Beschreibung des entsprechenden ent-

---

*) opp. XXI, 5.

gegengesetzten Lasters. Dass bei diesem Verfahren Gründlichkeit aber ebenso auch Eintönigkeit herauskam, wird nicht geleugnet werden. Dennoch wird der Leser sich dem Zwange, mit dem das Büchlein ihn in seine Kreise lockt, nicht ganz entziehen können. In noch höherem Masse gilt dies von dem anderen Werkchen, dem sechzehn Kapitel umfassenden Traktate de adhaerendo deo.*) Es schildert mit anmutigen Farben den Weg, der einzig zur Vollkommenheit und zum Heil führt, der gefunden wird durch Lostrennung vom Irdischen und rückhaltlose Versenkung in Gott. Der Zweck, den der Verfasser verfolgt, ist weniger Belehrung als Erhebung zur Andacht. Hinsichtlich der Entstehungszeit der beiden eben genannten Schriften wissen wir nur von der einen derselben etwas Näheres. Wie Albert im Eingange von de adh. deo selbst mitteilt, sollte dies seine letzte schriftstellerische Arbeit sein, und wir dürfen annehmen, dass er thatsächlich danach die Feder nicht mehr ergriffen hat. Wann der libellus de virtutibus verfasst ist, dafür findet sich nirgends eine Andeutung. Man wird jedoch in Berücksichtigung des ganzen Charakters desselben wohl nicht irren, wenn man es gleichfalls in die Jahre seines höchsten Greisenalters setzt, in eine Zeit, wo die wissenschaftliche Arbeit gethan und Musse für derartige Ergüsse des Herzens vorhanden war.

Diese drei im vorstehenden geschilderten Werke sollen uns über die Ethik Alberts Aufschluss geben. Es erübrigt jedoch noch kurz auf einige seiner Schriften hinzuweisen, von deren Benutzung wir aus gewissen Gründen teils ganz teils teilweise absehen, obwohl sie auch ethischen Inhalts sind. Hier kommen zunächst von den bei Jammy im Druck vorliegenden in Betracht die Kommentare zur nikomachischen Ethik des Aristoteles**) und zu den Sentenzen des Petrus Lombardus.***) Im erstgenannten ist Albert nur paraphrasierender Erklärer und giebt nichts

---

*) opp. XXI, 6.
**) opp. IV.
***) opp. XIV, XV, XVI.

Eigenes. Wir können diesen Kommentar um so eher unberücksichtigt lassen, als der Autor selbst an mehreren Stellen (z. B. Metapyhsik opp. III 448 b u. 364 b; Politik opp. IV 500 n; de somno et vigilia opp. V 103 b) warnt, seine eigenen Ansichten in seinen philosophischen Werken zu suchen; diese wären in den theologischen niedergelegt. Hiernach müsste freilich der Sentenzen-Kommentar Beachtung verdienen; denn er gehört zu den theologischen Schriften unseres Scholastikers. Wenn wir demselben weniger Wert für unsere Arbeit beimessen, so geschieht dies nicht, weil wir mit Sighart (l. c. pg. 382) der Meinung wären, dass Albert im Kommentar zu Lombardus ebenso im wesentlichen nur Erklärer wie in dem zu Aristoteles ist. Vielmehr lehrt ein genauer Vergleich, dass Albert nicht nur viele dem Petrus noch unbekannte Fragen hinzubringt, sondern auch nirgends seine eigene Meinung zurückhält. Aber wir können im Hinblick auf die theologische Summe den bedeutend früher geschriebenen, wohl aus den ersten Vorlesungen über den Lombarden herausgewachsenen Kommentar einfach entbehren, mit einziger Ausnahme freilich der Teile desselben, über welche die unvollendete summa uns im Stich lässt. Für den dritten und vierten Teil werden wir daher den Sentenzenkommentar als Notquelle benutzen, hierin dem Beispiele des Heinrich von Gorcum folgend, der die gleichfalls nicht fertige Summe des Thomas ebenfalls aus dessen eigenen Mitteln ergänzte (Protois, Pierre Lombard, Paris 1881, pg. 163). Wir gestehen, immerhin nicht gern; denn ein selbständigeres Werk wird stets den Vorzug vor dem mehr abhängigen verdienen, ein späteres reiferes höher als das frühere geschätzt werden. Schliesslich wären noch aus dem grossen bei Quétif et Echard (script. ord. praedic. I. pg. 179ss.) mitgeteilten Verzeichnis der noch ungedruckten Schriften Alberts einige Titel anzuführen, die teils mit bestimmten Worten auf ethischen Inhalt hinweisen, teils solchen wenigstens vermuten lassen. Da jedoch über diese noch unedierten Schriften bisher nichts Näheres bekannt geworden ist und wir andererseits nicht berechtigt sind, die Titel derselben ohne Kritik hinzunehmen — es könnten ja Apokrypha, Doppeltitel u. dergl. darunter sein —, so wollen wir hierdurch auf sie nur hingedeutet haben, ohne sie noch einmal zu erwähnen.

Hiermit haben wir die uns nötig erschienenen Vorfragen beantwortet und treten nunmehr an die Schilderung des ethischen Inhalts, soweit er bei Albert vorliegt, heran.

II.

Bei diesem Unternehmen wird es zunächst passend sein, einige Worte vorauszuschicken, damit sogleich die Art unseres Verfahrens in diesem Teile der Abhandlung deutlich werde. Die drei Werke, deren Inhalt wir darbieten müssen, sind nicht gleichartig; sie unterscheiden sich, wie schon früher gesagt, dadurch, dass das eine neben vielem anderen auch die Ethik Alberts, hier und da zerstreut, in sich schliesst, die beiden anderen dagegen geflissentlich derselben gewidmet sind. Aus dieser Verschiedenheit ergiebt sich für uns auch eine verschiedene Methode des Berichtens. Zwar soll bei allen dreien von dem allzu Spitzfindigen und Unnützen abgesehen und nur das Wichtigste gebracht werden. Während aber die Inhaltsangabe der beiden kleineren Traktate eine leichtere Mühe ist, verhält es sich mit derjenigen der summa der angedeuteten Beschaffenheit wegen anders. Hier wäre zweierlei möglich; das Ethische entweder von dem übrigen ganz loszulösen und für sich darzustellen, oder am Faden des Zusammenhangs mit den anderen Bestandteilen auszuzeichnen. Das erstere scheint uns unzweckmässig; denn abgesehen davon, ob es sich so überhaupt bequem ausführen liesse, würde es den Anschein erwecken, als ob bei Albert, etwa wie bei Thomas, ein System der Ethik vorläge, was doch nicht im geringsten der Fall ist. Wir wählen daher den anderen Weg. Es erscheint uns wertvoll, zu erfahren, wie und in welchem Zusammenhange Albert zur Behandlung der ethischen Fragen geführt wird — so sehen wir also seine Ethik vor unseren Augen gleichsam entstehen — und gleichzeitig in dem Knochengerüste der Dogmatik eine feste Grundlage zu besitzen, an der die Fäden des ethischen Nervengeflechtes auch in ihrem feineren Verlaufe studiert werden können. Ueber den Umfang dieser von uns beabsichtigten Anlehnung des ethischen an den übrigen Inhalt der summa haben wir freilich kein anderes Kriterium als das unseres Dafürhaltens. Wir hoffen in dieser Beziehung die wünschenswerten Grenzen weder zu weit noch zu eng abgesteckt zu haben.

Beginnen wir nun mit dem Inhalt der summa, soweit sie für uns von Bedeutung ist; denn ihr als der wichtigsten, weil wissenschaftlichen Quelle, gebührt vor den beiden anderen der Vortritt.

Die ersten beiden Traktate des ersten Teiles stehen an der Spitze nicht nur dieses, sondern des ganzen Summenwerkes: sie haben den Zweck, in die Gesamtwissenschaft der Theologie einzuleiten. Tract. I beschäftigt sich mit der Frage, welcher Art die scientia theologiae sei. Die Theologie ist eine verissima scientia et, quod plus est, sapientia, da sie von den altissimae causae handelt, die der Kenntnis des Menschen schwer zugänglich sind (quaest. 1). Aber das scibile, welches sie erforschen will, ist weder das scibile simpliciter, noch omne scibile, sondern dasjenige, quod est inclinans ad pietatem, quae conducit ad salutem (qu. 2). Hiermit ist deutlich ausgesprochen, dass der Theologie in erster Linie ein praktischer Wert zukommt. Sie ist, wie es daher im weiteren heisst, in veritate practica et stat in opere virtutis vel theologicae vel cardinalis, wenn auch der nächste Gegenstand ihres Forschens das verum de deo et operibus eius ist. Denn hierbei handelt es sich nicht sowohl um das verum simpliciter als um das verum summe beatificans, in quod referat totam pietatis intensionem in affectu et opere. So ist denn auch die Beziehung auf den Endzweck das einigende Band für den mannigfaltigen Inhalt der sacra scriptura (historiae, parabolae, mores, potentiae animae, de deo etc.), wodurch der Theologie der Charakter einer scientia una aufgeprägt wird (qu. 3). Die weiteren Quästionen (4, 5 und 6) dieses Traktates, die den Vorrang der theologischen Wissenschaft vor den übrigen aus einer Reihe von Gründen herleiten (theologia est finis aliarum scientiarum, ad quam omnes aliae referuntur ut ancillae), können wir, als unserem augenblicklichen Interesse ferner liegend, übergehen. Jedenfalls berechtigen uns die mitgeteilten Sätze zu dem Schlusse, dass Albert unter den Disciplinen der Theologie der Ethik einen besonderen Werth beilegt. Denn wenn die Theologie in erster Linie als eine praktische Wissenschaft anzusehen ist, so entfällt hiermit von selbst der Hauptnachdruck auf den Teil derselben, dessen eigenstes Gebiet die praktischen Beziehungen im Leben des Menschen sind. Von diesem Gesichtspunkte aus müssen wir verfahren, wenn wir im folgenden versuchen werden, das Bild der ethischen Materie, wie sie bei Albert vorliegt, zu entrollen.

Nachdem so in tract. I die Bedeutung der Theologie als Wissenschaft klargelegt und somit auch die Ethik beleuchtet worden ist, giebt tract. II in allgemeinen Zügen den Inhalt der theologischen Wissenschaft. Alle Gegenstände theologischer Erörterung sind teils res, teils signa, d. h. betreffen teils die Lehre von Gott und allen Dingen ausser ihm, teils die von den Sakramenten, welche als sichtbare „Zeichen" zwischen Gott und den Menschen vermitteln. Der Betrachtung der res will Albert, wie er selbst am Schluss des Traktates in Aussicht stellt und dadurch die Disposition für das ganze Werk giebt, Teil I, II und III der summa widmen, während in Teil IV die Lehre von den signis folgen soll. Die res zerfallen in solche, quibus fruendum est, solche, quibus utendum est, und solche, quae fruuntur et utuntur. Was ist nun unter frui und was ist unter uti zu verstehen? Jenes ist eine passio voluntatis sed intellectus operatione formatae, wobei der Intellekt per gratiam et gloriam ad ultimum finem boni se extendit et primum, optimum, dulcissimum in intrinsecus sui sugit, dieses stets ein actus, und zwar rationis, jenes eine Frucht der theologischen Tugenden, namentlich der Liebe, aber auch der Haupttugenden, sofern diese ad perfectum disponunt, dieses eine Aeusserung der prudentia, beides darin sich ähnlich, dass es — proprie et simpliciter — nur in der Erreichung eines würdigen und vollkommenen Dinges sein Ziel findet. Denn wie eine wahre fruitio nur in patria vorhanden ist, wo dieselbe nicht, wie in via, eine inhaesio impedita ist, sondern eine delectatio perfecta et ultima et optima, so bezieht sich auch das uti im höchsten Sinne des Wortes nur auf das Gute; denn der usus malorum ist ein abusus. Hiernach kann also Gegenstand der fruitio ausschliesslich nur Gott sein — alles übrige frui nur ein cum gaudio uti quocunque modo, hoc est, in bono cum gaudio pasci —. Gegenstand des usus aber mundus et in eo contenta, also omnis creatura, sofern sie nicht peccato depravata est, per quod usui contrariatur. Zwischen diesen res fruibiles und utibiles nun stehen, gleichsam als mittlere Grössen, homo und angelus, die beide ex utibilibus pertingunt ad fruibile. Denn dies letztere ist der für alle Entwicklung bestimmte Endzweck. Daher heisst es: signum ad rem utibilem refertur, res autem utibilis ad fruibilem, et utens et fruens ad fruibile referuntur. Über das fruibile nun, die divina essentia, das mysterium trinitatis et unitatis, handeln die noch übrigen 18 Traktate (III — XX incl.) des ersten Teiles, in denen Gottes Eigenschaften und Verhältnis zu den geschöpflichen Dingen bis ins kleinste geschildert werden. Von all' diesen Untersuchungen ist in ethischer Beziehung nur tract. VI wichtig, der aus Anlass der Betrachtung Gottes als des unus, verus et bonus die Begriffe bonum und malum in eingehender Weise untersucht.

Näher sind es zwei Quästionen des tract. VI, die hierbei in Betracht kommen, 26 und 27, deren erste das bonum secundum se und deren zweite die oppositio mali ad bonum zum Gegenstande hat. Das Wichtigte aus dem reichhaltigen Inhalt derselben ist etwa folgendes. Bezüglich des bonum secundum se behandelt Albert zunächst das bonum in communi, um von hier aus dann auf das bonum determinatum sive summum bonum überzugehen. Es giebt eine multiplicitas boni. Da entsteht die Frage, nach welchen Gesichtspunkten sich diese vielen Güter einteilen lassen? Hierauf sind verschiedene Antworten gegeben worden: secundum genera entis, sec. diversitatem modorum respiciendi ad ultimum et optimum quod est virtus uniuscuiusque, penes usum instrumentalem boni relatum ad actum rationalis creaturae, schliesslich sec. communem intentionem qua bonum. Was die ersten drei principia divisionis betrifft, so ergeben sich bezüglich des ersten die Klassen substantia, quantitas, qualitas, relatio et alia, bezüglich des zweiten ultima et optima per essentiam (=finis) und vel factiva horum, vel salvativa, vel indicativa, bezüglich des dritten maxima, media, minima. Über alle diese Gruppen äussert sich Albert nicht näher, wohl aber über die vierte, der er sich auch selbst anschliesst (cf. qu. 26. membr. 1, art. 2, part. 1—3 und namentlich art. 3 vor part. 1). Nach der communis intentio nämlich, d. h. der coniunctio uniuscuiusque ad sui ultimum et finem in quo est virtus eius, also der relativen Annäherung an den äussersten Vollkommenheitsgrad, ist das bonum teils quod non est nisi bonum, quod est omnium bonorum causa, teils quod per participationem bonum est. Letzteres zerfällt wieder in das bonum naturae, quod est idem quod natura bona, und in das bonum naturae superadditum, quod est in adiutorium et perfectionem potentiae. Und zwar sind es fünf Stufen, durch welche per ordinem perficitur potentia ad actum ultimum et optimum in quo consistit virtus eius, nämlich die des bonum in genere, circumstantiae, virtutis politicae, gratiae und gloriae. Für jede Stufe sei kurz eine nähere Bezeichnung hinzugefügt: ad 1, omnis actus liberi arbitrii debite coniungitur materiae, sicut est pascere esurientem, vestire nudum; ad 2, facit hic, qui debet, quantum debet, ubi debet et quando debet et sic de aliis; ad 3, facit hoc ex habitu in modum naturae rationi consentaneo, d. h. ex propria et connaturali operatione non impedita et ita delectabiliter et cum gaudio: ad 4 und 5., beide betreffen im Gegensatz zu den ersten drei ein bonum quod est elevatum super facultatem naturae rationalis, und zwar aut ad agere (d. h. ad meritum, nämlich bonum gratiae) aut ad esse optime in optimo (nämlich bonum gloriae). Nachdem wir so über die multiplicitas boni unterrichtet sind, geht Albert daran, nunmehr die communis intentio näher zu beleuchten. Sind bei derselben mehrere Gründe (causae) wirksam, und ist einer von diesen als der wesentliche zu betrachten? Beides muss bejaht werden. Denn wenn auch die causa efficiens ebenso wie formalis und materialis zur Erreichung des ultimus finis beitragen, so empfangen sie doch erst ihre ganze Wesenheit durch die causa finalis. Diese kann freilich zunächst nur auf das bonum per essentiam bezogen werden; aber der finis ist, obwohl in executione semper ultimum, so doch in intentione semper primum, also causa omnium causarum. So giebt er allen anderen bonis ihre Richtung und ihr Ziel, quia per intentionem disponit efficientem, per aptitudinem ordinat materiam et per propriam rationem denominat formam. So heisst es denn auch schliesslich: sic determinatur bonum per omnem causam prout causa disponitur a causa finali et prout ipse finis causa causarum est. Hiernach ergiebt sich, dass die geeignetste determinatio boni secundum communem intentionem unter den vielen, die aufgestellt sind, die des Aristoteles ist: bonum est quod omnia optant. Denn in diesen Worten liegt directe die Beziehung auf die causa finalis (sive ultimus finis), ex cuius adiectione bonum est omne quod bonum est et ex eiusdem subtractione foedum remanet et turpe et diminutum et per consequens malum. Im folgenden wird das Verhältnis des pulchrum zum bonum kurz besprochen und die notitia und der amor boni als allen Menschen von Natur eingeprägt bezeichnet. Darauf geht Albert zur näheren Besprechung der differentiae bonorum, die oben bereits aufgestellt waren, über und erklärt, er werde hier, d. h. in tract. VI, nur über das bonum naturae und in genere handeln, differens tractatum de bono circumstantiae et bono virtutis politicae et bono gratiae et gloriae usque ad loca specialia, in quibus quaeretur de virtute, gratia et gloria (d. h. also namentlich in Teil II, III und IV. der summa). Wir folgen auch hier seinem Gange und berichten daher jetzt das Notwendigste über das bonum naturae und in genere, d. h. also das natürliche und das moralische Gute, beides ganz allgemein gefasst. Nicht allen Gütern kommt eadem bonitas zu, die gegenteilige Behauptung wäre ein error pessimus, periculosus non solum contra veritatem philosophiae sed etiam contra veritatem fidei; daher muss jetzt gefragt werden, in quibus consistat bonitas naturae. Dieselbe ist zu suchen in modo, specie et ordine, sofern nämlich modus omni rei est modum praefigens, species omni rei speciem praebens sive formam, ordo omnem rem ordinans et ad quietem deducens et ad stabilitatem trahens. Diese drei principia proxima kommen jedem Dinge wesentlich zu. Das bonum naturae nun kann wohl Zu- und Abnahme erleiden, je nach der Annäherung oder Entfernung vom primum bonum, aber keineswegs zerstört werden, da es omni ei formaliter inest quod creatum est, es müsste denn die res creata selbst der Vernichtung anheimfallen. Da ferner das bonum creatum nur per participationem so genannt wird, so kann es auch in seiner Gutheit nur erkannt werden intellecta prima bonitate. Verhält es sich doch zum primum bonum wie imago zu dem cuius est imago, oder wie exemplum zum exemplar. Daher ist denn auch eine vera determinatio boni per participationem dicti „quod bonum est, quod a bono est et in bono et ad bonum."

Bisher (im membr. 1) war vom bonum in communi die Rede; nunmehr (membr. 2) wendet sich Albert zur Betrachtung des bonum determinatum sive summum bonum, d. h. Gott. Dieses ist summa et universalis causa omnis boni praehabens in se virtualiter et eminenter et simpliciter omne bonum; die Bezeichnung als summum kommt demselben also per rationem causalitatis zu, und infolgedessen zugleich per intensionem bonitatis, da es ja alle übrigen Güter in sich vereinigt. Der actus proprius desselben liegt in der Thätigkeit des producere bona: es ist boni diffusivum et vocativum. Also alles Gute ist der Ausfluss des primum et summum bonum. Effective (d. h. durch dessen Wirksamkeit) kann das malum niemals vom bonum per essentiam herstammen, ebenso wenig wie Hitze Kälte erzeugen kann. Vielmehr sind die anderen Güter, die am höchsten Gute nur teilnehmen, für das Dasein des malum verantwortlich, freilich weniger im Sinne einer causa efficiens als deficiens; denn ausschliesslich nur diese sind einer Verderbnis fähig, sei es durch naturalis perversio oder electiva aversio. Auf diese Weise verlieren sie ihr natürliches Gutsein und werden so die Ursache des Bösen. Das malum ist also die privatio boni, ein Mangel dessen, was sein sollte, eher ein Nichts, denn ein Etwas. Dies gilt vom malum im allgemeinen; hauptsächlich denkt

Albert aber hierbei an das malum, sofern es peccatum ist, also das menschliche, moralische Böse. Dies ist teils malum culpae, teils malum poenae. Beide sind dissolutio naturae boni, wodurch die essentia vera derselben verloren geht, und können daher nicht von Gott sein. Bezüglich des malum poenae aber, so ist dasselbe in dem Sinne doch zugleich von Gott (a deo et a bonitate dei), als die Strafe ein Akt der Gerechtigkeit ist: iustum est quod fiat retributio pro meritis. In dieser Beziehung ist auch die auf die Sündenschuld folgende pronitas ad malum a summa bonitate, da es gerecht ist, ut qui non vult cum potuerit, infligatur ei non posse cum voluerit. Hiermit ist der Übergang von qu. 26 zu qu. 27 gegeben, von der Betrachtung des bonum secundum se zur oppositio mali ad bonum. Wir begnügen uns damit, den Inhalt jedes der fünf membra dieser quaestio mit wenigen Worten anzudeuten.

M. 1. Alles bonum, mit einziger Ausnahme des summum, das über allen Vergleich erhaben ist (quod nec habet consortem nec similem nec comparem nec oppositum nec contrarium nec adversarium), hat ein malum zum Gegensatz. Dem Worte nach verhalten sich beide wie privatio und habitus: der Essenz nach — secundum suas essentias quas nominant sive secundum qualitates quas servant — ist der Gegensatz ein konträrer. M. 2. Das subiectum mali sind jene drei principia proxima, welche die potentia uniuscuiusque zur virtus erheben (haec tria habitudinem potentiae dicunt ad ultimum et optimum, quod propter hoc quod ultimum est potentiae et extremum in bono est virtus eius), auf Grund deren erst unumquodque ein bonum ist: modus, species, ordo. Also ist es richtig zu sagen, malum est in eo quod est bonum, nur ist hierbei unter bonum allein das zu verstehen, secundum quod stat sub actu et habitu boni, also was seine virtus ausmacht. So liegt die caecitas nicht im oculus selbst, sondern im ultimum et optimum desselben, d. h. im visus. M. 3. Ganz und gar wird die bonitas durch das malum nicht aufgehoben. Denn ist die privatio boni geschehen, so bleibt immer noch das ens zurück. Diesem kommt das Prädikat bonum wesentlich zu, so dass es oder doch die ordinabilitas ad bonum nicht von demselben universaliter getrennt werden kann. Dies gilt, sofern bonum und ens als transscendentia omne genus gefasst werden. Handelt es sich aber um ein ens particulare et determinatum, so findet allerdings eine privatio particularis statt, nämlich quoad hoc vel quoad illud. Von dem so des Guten beraubten Dinge muss dann gesagt werden: inquantum privatum est habitu vel actu boni vel aliqua conditione boni, non est, simpliciter tamen est. M. 4. Die Sünde (peccatum) ist die corruptio boni naturae (nicht gratiae), denn durch sie wird ja der habitudo naturae et potentiae ad optimum der actus non impeditus, gewissermassen die felicitas entzogen und so das frühere bonum, das eben in jener habitudo bestand, in ein malum verkehrt. Diese corruptio ist faktisch nur eine: von einer corruptio plurium könnte man nur reden im Hinblick auf die drei bekannten konstitutiven Prinzipien des Guten; aber genau genommen wird durch diese, da sie ad unum iuvant, die habitudo nicht „multipliciert," sondern vielmehr „unificiert." Auch hier, wie überhaupt nicht, ist die corruptio nicht eine universale, denn die ordinabilitas ad bonum bleibt nach jeder privatio boni, und in ihr besteht ja das bonum naturae. Das veniale peccatum ist nur dispositio ad malum, nicht proprie malum; insofern bringt es keine corruptio boni zustande, sondern bewirkt nur, dass das nachfolgende mortale leichteres Spiel hat. M. 5. Es wird festgestellt, dass das malum in allen körperlichen wie geistigen Wesen una ratione dicitur; denn wie die Vollkommenheit bezüglich des modus, der species und des ordo alle Dinge zu guten macht, so beruht einzig und allein auf ihrer Verderbtheit das Wesen des Bösen. Nur die ratio specialis secundum quod est illius vel illius boni corruptio secundum esse vel bene esse uniuscuiusque ist eine verschiedene. Hierauf werden zum Schluss einige Fragen aus der Theodicee erörtert: ob die Welt ohne malum besser wäre und wie Gottes Vorsehung das malum, welches, wie schon gesagt, effective nicht von ihm ist, zulassen konnte, da es doch das bonum verderbt? Auf die erstere muss geantwortet werden, dass die Welt zweifellos ohne malum eine bessere wäre, da sie so dem summum bonum, in quo nihil mali est, ähnlicher sein würde. Aber auch das Umgekehrte lässt sich sagen im Hinblick auf die Wirkungen, die vom malum, freilich nicht per se, sondern per accidens, ausgehen, indem es das Gute um so heller leuchten lässt, Liebe und Übung desselben hervorruft und namentlich der göttlichen Gerechtigkeit eine Wirkungsstätte bereitet. Bezüglich der zweiten Frage bekennt Albert seine Meinung dahin, dass Gott durch Verhindern des malum den Geschöpfen ihre commutabilitas und damit ihre Natur nehmen würde. So entstände aus dem creatum ein increatum, und dies sei summi boni non proprium. Vielmehr lasse der Schöpfer jedem Dinge seine natura propria, schenke allen freigiebig die Teilnahme am Schönen und Guten, und wenn ein malum geschehe (si incidat malum), so „ordiniere" er es vel per iudicii poenam vel per bonum quod elicitur ex illis, ne foedum omnino remaneat sed ad pulchritudinem conferat universi.

Wenden wir uns nun zur pars II der summa! Handelte der erste Teil hauptsächlich von Gott, so beschäftigt sich der zweite mit den Geschöpfen Gottes. Dieser ist, wie es in tract. I heisst, principium omnium rerum creatarum caelestium vel terrestrium, visibilium vel invisibilium. Zweck der Schöpfung ist, dass auch andere an seiner beatitudo qua aeternaliter beatus est, teilnehmen. Dies kann in vollkommener Weise nur per intelligentiam geschehen, bezieht sich also in erster Linie auf die rationalis creatura. Die nun folgenden neun Traktate, II—X incl., bringen die Lehre von den Engeln, während tract. XI das Sechstagewerk, also die sichtbare Schöpfung, deren Krone der Mensch ist, zum Inhalt hat. Von nun an bis zum Schluss, tract. XII—XXIV incl., widmet sich Albert der Betrachtung des Menschen. Wir schliessen uns der Ordnung seiner Untersuchungen an, um bei allem, was auf den Menschen als ethische Persönlichkeit irgendwie Bezug hat, näher zu verweilen.

Zunächst betrachten wir den Hauptinhalt von tract. XII und XIII, die beide eng zusammen gehören, und zwar handelt tract. XII de formatione hominis secundum animam tantum und tract. XIII de formatione hominis iuncta anima.*) Leib und Seele des Menschen bilden unum animatum. Die Seele ist, wie alle geschöpflichen Wesen, zusammen gesetzt aus dem quod est (ihrer quidditas, Bestimmtheit) und dem quo est (dem Träger ihrer Bestimmtheit), unterscheidet sich aber von den körperlichen Dingen dadurch, dass sie nicht wie diese, also auch der Leib des Menschen, ein compositum aus Materie und Form ist. Vielmehr verhält sie sich zum Körper wie forma (und zwar substantialis, nicht accidentalis), d. h. Aktualität, zur materia, d. h. Potentialität. Ist die Seele so durch ihre Wesenheit perfectio corporis, so ist sie durch ihre Kräfte zugleich auch dessen motor. Und zwar schliesst sie drei Potenzen in sich: das vegetabile, das sensibile und das rationale. Diese Kräfte gehören eng zusammen und machen in ihrer Verbindung die substantielle Einheit der Seele aus, aus der sie gewissermassen hervorfliessen. Die menschlichen Seelen werden von Gott, der sie täglich aus nichts den bis zu einem gewissen Grade entwickelten embryonalen Körpern einschafft,**) ad imaginem seiner selbst gebildet. So ist Gott nicht nur causa efficiens animae humanae, sondern auch formalis und finalis. Daher hat denn auch die Seele des Menschen eine ihr eigentümliche Richtung auf cognitio veri et boni, quod deus est, et dilectio eiusdem; sie ist geschaffen, ut summum bonum intelligeret et intelligendo amaret et amando possideret. Schon aus diesem Grunde (und noch andere Beweise dafür werden von Albert vorgebracht) kommt derselben die Eigenschaft der incorruptibilitas und immortalitas zu. Zwar in Lebenseinheit mit einem vergänglichen Leibe getreten und in ihren niederen Funktionen an dessen Organe gebunden, übt sie doch ihre höchste Thätigkeit, die intellektive, selbständig ohne den Leib aus, von dem sie daher nach dem Tode trennbar ist. Albert fasst also die edelsten, ihr zuhöchst als solcher zukommenden Eigenschaften der Seele zusammen, wenn er

---

*) Diese Überschriften rühren zwar nicht von Albert her, treffen aber meist das Richtige.
**) Albert verwirft also die Präexistenzlehre ebenso wie den Traducianismus. Auch die Metempsychose findet in ihm einen scharfen Gegner.

sie definiert als substantia incorporea rationalis et intellectualis et immortalis et indissolubilis, und er kennzeichnet sie schon hier in vorausdeutender Art als Trägerin des ethischen Lebens, wenn er den citierten Worten sogleich die weiteren hinzufügt: praemianda propter meritum virtutum et punienda propter demeritum peccati.

Nach diesen allgemeineren Bemerkungen über Leib und Seele des Menschen betrachtet der nächste Traktat, XIV, (de primi hominis statu ante peccatum qualis fuerit) den Zustand des ersten Menschen vor dem Sündenfall. Die ersten Eltern lebten immunes ab omni peccato et penitus innocentes im Paradiese. Wie in corpore penitus impassibiles, so waren sie in anima penitus indeceptibiles et nullius erroris susceptivi. Mit höherer Erkenntnis ausgestattet, als wir dieselbe heute besitzen, verstand Adam sein Verhältnis zum Schöpfer und zu den Geschöpfen in rechter Weise: seine Aufgabe war das inferioribus uti und superioribus frui. Aber die Zukunft war ihm verhüllt. Seine rectitudo ward ihm per creationem zu teil, und zwar durch die gratia gratis data. Durch diese erhielt er die natürlichen Gnadengaben, welche dantur cum natura et elevant potentias naturales ad actus perfectos secundum naturam. Albert zählt ihre Reihe auf; es sind bonum ingenium, ordinata voluntas, luminosus intellectus, clarus sensus, perspecta et discreta ratio, habilitas naturae ad virtutes. Diese letzteren besass Adam zunächst nur secundum habitum. Auch die Kinder dieser Eltern wären per incrementa aetatis ad debitam quantitatem substantiae et virtutis gelangt. Allein die Versuchung trat an Adam heran, und er unterlag derselben. Weshalb liess Gott die Versuchung zu, da er doch den Fall und infolge davon das Walten der Sünde in der Welt vorauswusste? Die Antwort hierauf kann nur sein: quia sine tentatione non esset satis gloriosa virtus hominis nec perfecta felicitas. War also die Versuchung nach dem Ratschlusse des Schöpfers nötig, so war doch ihre Überwindung nicht unmöglich. Adam hatte in der Schöpfung selbst, also durch die gratia gratis data, ein adiutorium erhalten, ex qua stare — wenn auch nicht pedem movere ad merita — potuit.

Dies Mittel nun, das ihn in den Stand setzte, sich in seiner Gerechtigkeit zu erhalten, ist das liberum arbitrium (Wahlfreiheit), flexibile ad bonum et ad malum. Weil er trotz dieser Potenz, die ihn zum Herrn seiner Handlungen machte, dem Bösen nicht widerstand, musste ihm seine That als Sünde· angerechnet werden. Aber war er nun auch der Schuld und Strafe verfallen, so sündigte er doch remediabiliter. Denn der Mensch ist zur fruitio dei und beatitudo geschaffen, und die erlösende Gnade darf nicht schwächer sein als die verderbende Sünde. Wer einen incitator ad malum hat, der hat non iniuste auch einen reparator ad bonum.

Ist der Inhalt der drei eben skizzierten Traktate mehr vorbereitender Natur, so tritt Albert im folgenden nunmehr recht eigentlich an die ethischen Fragen heran. Er giebt in tract. XV und XVI (quaest. 99 und 100) erst eine eingehende Darstellung der Psyche des Menschen, nicht mehr des ersten, sondern des Menschen überhaupt, wie er seit dem Sündenfall thatsächlich ist, um ihn dann als unter dem Einfluss der beiden Mächte stehend zu schildern, die sein Thun und Lassen bestimmen: der Gnade (tract. XVI qu. 98, 100, 101, 102, 104, 105), deren Frucht die Tugend ist (tract. XVI qu. 101—104 und als Ersatz für die fehlenden Teile der Summe Buch III und IV des Sentenzenkommentars) und der Erbsünde (tract. XVII), deren Folgen die einzelnen Sünden sind (tract. XVIII—XXIV incl.). Versuchen wir, den Hauptinhalt dieser Ausführungen zu schildern, zunächst also die Beschaffenheit und Thätigkeit der menschlichen Seele.

Wir beabsichtigen hier natürlich nicht, die sehr komplizierte Psychologie Alberts bis ins einzelne zu verfolgen. Es handelt sich jetzt für uns nicht mehr um Wesen und Begriff der Seele, sondern um die nähere Betrachtung ihrer Kräfte, durch welche einerseits das Erkennen, andererseits das Wollen und Handeln des Menschen zustande kommt. Für diesen Zweck kann folgendes genügen. Albert behandelt die einzelnen Vermögen der Seele in der aufsteigenden Reihenfolge des vegetabile, sensibile, rationale. Von der anima vegetabilis, die in nutritiva, augmentativa und generativa zerfällt, sehen wir hier völlig ab und beginnen sogleich mit der sensualitas. Diese ist una quaedam vis communis quae exteriori motu sensibilium vel acceptorum cum sensibilibus illecebroso motu intenditur ad appetendum ea quae carnis sunt. Dieser ungeordnete Zug des Begehrens zum illicitum, den Albert sonst mit concupiscentia oder fomes bezeichnet, ist eine Folge der ersten Sünde und nicht identisch mit den sinnlichen Teilen des Erkenntnis- und Begehrungsvermögens. Denn diese, die fünf Sinne, sensus communis, imaginativa, phantasia, aestimativa, memoria, reminiscentia einer-, vis concupiscibilis und irascibilis andrerseits sind natürliche Kräfte der Seele, die nichts illecebrosum et serpentinum in sich enthalten. Während es Sache des Sinnes als der Grundlage der anima cognitiva ist, die sinnlichen Einzeldinge empirisch zu erfassen, welche dann der Verstand ins Übersinnliche und Allgemeine erhebt, bethätigen sich die sinnlichen Teile der anima appetitiva darin, dass sie das sinnlich Gute erstreben (per concupiscibilem appetunt) und, wenn Hindernisse in der Erreichung desselben sich einstellen, gegen diese sich auflehnen (per irascibilem detestantur vel fugiunt). Wenn die beiden letzteren sich auf eine die gesollte Lauterkeit des seelischen Lebens störende Art zur Geltung bringen, werden sie die Konstituenten der sensualitas. Von Natur aus hat diese nichts von Vernunft an sich; nur sofern sie suadetur et ordinatur a ratione, kann man sagen, dass sie an derselben teil hat. Ebenso nur in gewissem Sinne kommt der sensualitas die Eigenschaft als Sünde zu, nämlich dann, wenn die Vernunft das ihr von der Sinnlichkeit dargebotene delectabile conceptum accipit inordinate et per hoc avertitur ab ordine recto; hierbei liegt dann die Sünde mehr in der ratio als in der sensualitas.

Gehen wir nun über zur Betrachtung der rationalen Seite des Erkenntnis- und Begehrungsvermögens, zunächst des ersteren. Mit der Natur selbst sind der menschlichen Seele gewisse prima principia universalia scibilium et operabilium eingepflanzt. Ohne diese wären wir nicht fähig, das Wahre zu erkennen und das Gute zu thun; sie sind das lumen divinum signatum super nos, ex quo instruimur et ad scienda et ad agenda. Welche Seelenkräfte sind es nun, vermöge deren diese Prinzipien in die Erkenntnis aufgenommen und daselbst verarbeitet werden? Von den beiden nur beziehungsweise von einander unterschiedenen Teilen des Verstandes, dem intellectus (Verstand im engeren Sinne) und der ratio (Vernunft), sind beide daran beteiligt, der erstere sofern er von Natur aus der habitus principiorum ist, die letztere sofern sie ihre Thätigkeit an diese durch den Verstand gegebene Grundlage anknüpft. Der seelische Vorgang selbst sei näher geschildert. Eine wirkliche Erkenntnis (intellectus in effectu) kommt zunächst dadurch zustande, dass der intellectus agens das Sinnliche der materiellen Anhänge entkleidet und so Erkenntnisbilder in simplici esse suo hinstellt, die dann der einer tabula rasa gleichende intellectus possibilis in sich aufnimmt und bewahrt. Der Gegenstand der Erkenntnis kann entweder das Wahre oder das Gute betreffen; mit dem ersteren hat es der intellectus speculativus, mit dem letzteren der int. practicus zu thun. Die so im intellectus formalis erzeugte scientia rei ist aber noch keine perfecta; eine solche, eine distincta notitia de quolibet, entsteht vielmehr erst mit Hilfe jener schon genannten principia. Diesen Vorgang nun, dessen Resultat der intellectus adeptus ist, bringt die Vernunft zustande. Dieselbe ist das inquisitive, diskursive Vermögen der Seele. Durch inquirere et scrutari, disponere et conferre quid verum quid falsum, quid bonum quid malum, schreitet sie zu weiteren Erkenntnissen vor. Je nachdem nun die Thätigkeit der ratio als speculativa sich auf das scibile (Wahre) oder als practica auf das operabile (Gute) richtet, entsteht die scientia theorica (Wissenschaft) resp. practica (das sittliche Handeln). Für uns ist hier nur die praktische Seite wichtig. Wir sehen, wie die Vernunft das sittliche Handeln des Menschen insofern betrifft, als sie auf Grund gewisser ewiger Gesetze (der principia operabilium) erwägt, was zu thun und was zu lassen ist. Wie dies näher zu verstehen sei, ob im Sinne einer Nötigung oder nur eines Rates, werden wir sogleich sehen bei der Besprechung der rationalen Seite der anima appetitiva, der wir uns jetzt zuwenden. Albert widmet der voluntas in der summa nur wenige Zeilen (cf. tract. XVI.

qu. 99, m. 1). Seine Definition derselben stützt sich auf Augustinus; sie lautet: voluntas est animi motus, cogente nullo, ad aliquid non admittendum vel adipiscendum, also potentia in actu sive in motu exsistens. Auf die Worte cogente nullo fällt der Hauptnachdruck; denn, heisst es, si cogitur (scil. voluntas) causa sui non est et per consequens liberum non est. Hiernach scheint bei Albert ein entschiedener Indeterminismus vorzuliegen; ob dem in der That so ist, werden wir alsbald bei der Betrachtung des liberum arbitrium zu untersuchen haben. Es erübrigt uns nämlich noch, den bisherigen psychologischen Ausführungen die Lehre von der synderesis (l. c. m. 2), der conscientia (l. c. m. 3) und dem liberum arbitrium (tract. XIV qu. 91, m. 1—3) hinzuzufügen. Die Thätigkeit der synderesis besteht im steten Auffordern zum Guten und Abraten vom Bösen (semper est inclinans ad bonum et remurmurans a malo). Sie gehört der ratio practica an und ist das natürliche Gesetz, welches dem menschlichen Entschliessen und Handeln seine Richtung zu geben berufen ist, also inhaltlich identisch mit jenen principiis operabilium, von denen bereits die Rede war. Wird freilich die Stimme dieses Beraters überhört, so entsteht die Sünde, die aber nur per accidens der synderesis angerechnet werden kann. Diese ist dann einem Soldaten ähnlich, dessen Pferd — in diesem Falle die ratio, voluntas und das liberum arbitrium — stürzt. Hic casus, heisst es, non est vitium militis, sed equi; et non refertur ad militem, nisi quia non tenuit per fraenum ne cespitaret. Kann so auch der Einfluss der synderesis auf die Seele des Menschen geschwächt werden, so kann sie doch nicht ganz ersterben, weder beim viator noch beim damnatus. Beim letzteren freilich nur insofern, als bei verlorener Neigung zum Guten Erbitterung über die Strafe für die Sünde zurückbleibt. Nicht zu verwechseln mit dieser synderesis ist die conscientia: jene eine potentia, diese ein habitus, jene stets lauter und rein, diese nicht selten beschwert und beschmutzt, jene der Funke (scintilla) des Gewissens, diese im gewöhnlichen Sinne des Wortes das Gewissen selbst, jene das gesetzgebende Prinzip, diese die durch die ratio practica vermittelte Anwendung desselben auf den einzelnen Fall. Mit der Betrachtung des liberum arbitrium schliesslich gelangen wir zur Krönung des stolzen Baues, den Albert der menschlichen Seele errichtet. Das lib. arb., welches nur die rationalia animalia besitzen (also deus, angelus, homo), ist eine specialis potentia perfecta per habitum naturalem, qui est libertas eius. Der Mensch hat das agere vel non agere in seiner Hand, und da ihn keiner nach der einen oder anderen Seite hin zwingt, so unterliegen seine Handlungen der Beurteilung von den Gesichtspunkten des Lobes oder Tadels aus; ohne die Freiheit wäre Sünde nicht Sünde. Wir erblicken hier also im lib. arb. den Angelpunkt des ethischen Lebens des Menschen. Das Vermögen der freien Handlung ist nun aber über alle Teile der Seele verteilt (diffunditur per omnes potentias sibi subiectas et operationes), gewissermassen als König im Bereich derselben (in regno animæ habet se sicut motor universalis se habet in orbe sive in universitate). Dennoch möchte Albert es näher als facultas rationis et voluntatis bezeichnen, weil es hauptsächlich auf den Äusserungen des Willens und der Vernunft beruht, jenes als des movens et agens, dieses als des iudicans et arbitrans et determinans quid et qualiter agendum sit. Dem Begehrungsvermögen kommt also beim Akt der Wahlfreiheit, wie hier ausdrücklich bemerkt wird, nur die antreibende *) Bewegung zu, welche lediglich geschieht, um das Erkenntnisvermögen zu der ihm eigentümlichen Thätigkeit anzuregen (licet vis appetitiva tam in sensibili quam in rationali moveat, tamen non movet nisi ad nuntium et iudicium et determinationem virtutis cognitivae scil. vel phantasiae vel intellectus sive rationis). Soll dies noch vereinbar sein mit dem, was wir pg. 34 über die voluntas hörten, so müsste damit folgendes gemeint sein. Das menschliche Handeln wird zunächst durch das Begehrungsvermögen hervorgerufen, hierdurch der Verstand (die Vernunft) zur beurteilenden Thätigkeit angeregt, welche damit endet, das derselbe dem Willen sagt: „Das halte ich für richtig, das nicht, nun thue, wie

---

* Man lasse sich nicht durch das Wort agere täuschen, welches im Hinblick auf das bald folgende determinare nicht handeln, sondern in Fortsetzung des Begriffs movere nur antreiben heissen kann.

es dir gefällt," nicht aber: „Nun musst du auf meinen Befehl dies oder jenes thun." Dem Willen würde also die Freiheit verbleiben, auch gegen den Spruch des Verstandes zu handeln. Genau dasselbe sagt eine Stelle im Sentenzenkommentar (Buch II, dist. 24, art. 5 und 7) aus, auf deren Mitteilung wir hier nicht verzichten dürfen. Daselbst heisst es: „liberum arbitrium . . . . habet aliquid rationis et aliquid voluntatis, sicut ostendit nomen eius: suum enim est velle arbitratum sibi, et hoc dicit eligere duobus propositis, hoc est praeoptare et praeligere: et proponere duo est rationis, praeoptare autem alterum est voluntatis. . . . . . Sed voluntas neutro modo est obligata: quia non est affixa potentia organo (wie z. B. die visiva potentia an die pupilla) nec etiam necessario consentit (wie die apprehensivae potentiae omnes, i. e. intellectus, ratio et huiusmodi, die jenen principiis scibilium gehorchen müssen): quia ratione dictante hoc esse faciendum vel non, adhuc se habet ad quod voluerit, et potest contrarium velle, quam quod ex ratione diiudicatum est: et ideo voluntas libera est, et electio liberi arbitrii ab illa parte habet eandem libertatem (!). Unde sciendum quod lib. arb. est potentia animae rationalis sita in anima in contactu rationis diiudicantis et voluntatis complete volentis: quia eligere (quod secundum Augustinum est liberi arbitrii) est post iudicium et ante complete velle." Durch eine freie electio also wird die voluntas (der Wille) zur completa voluntas (Wahlfreiheit). Nach diesen bestimmten Worten ist man versucht, zu glauben, dass Albert sich ganz klar war über das Problem der Willensfreiheit. Wie wenig dies aber in der That der Fall ist, zeigt u. a. eine Stelle der summa (tract. XV, qu. 97, m, 2; also nur sechs Quästionen hinter der anderen Auffassung — man könnte hierin die Hand des Überarbeiters der summa, cf. pg. 15, erblicken, wenn solcher Mangel an Ausgefeiltheit sich nicht allgemein in der Scholastik zeigte —, in der de actibus liberi arbitrii gehandelt wird. Bei dieser Gelegenheit wird zweimal an verschiedenem Orte die electio, welche wir bisher als freie Vollendung des velle zum complete velle kennen lernten, als actus rationis hingestellt. Wie nämlich das lib. arb., obwohl una potentia, trotzdem über sämtliche Seelenkräfte verbreitet sei, so habe sie auch, wiederum unbeschadet ihrer Einheit, multos actus, in quibus libertas eius consideratur. Darauf werden diese actus, nach dem Prinzip des Fortschreitens vom Unvollkommenen zum Vollkommenen geordnet und nach ihrer Herkunft aus den beiden Hauptkräften der Seele in zwei Reihen zerlegt, folgendermassen aufgezählt. Der ratio gehören an: das inquirere, inquisita et inventa disponere, disposita diiudicare, diiudicata per sententiam determinare, determinata eligere; der voluntas: das appetere, velle, facere impetum, agere in opere, uti h. e. ad usum voluntatis referre sive ad exercitium. Als wichtigsten Akt nun unter diesen zehn — necesse est, quod una potentia habet unum principalem actum — nennt Albert die electio. Danach würde, wie schon bemerkt, der Wille intellektualistisch bestimmt sein. Wir begnügen uns hier damit, ein non liquet in der albertischen Willenslehre festgestellt zu haben, um im dritten Teil unserer Arbeit noch einmal kurz darauf zurückzukommen. Bisher haben wir unter Freiheit die libertas a coactione im Auge gehabt. Es giebt aber neben dieser noch eine libertas a peccato und a miseria; die erste ist dem Menschen per naturam gegeben, die zweite durch die gratia gratum faciens, die dritte wird ihm erst im Stande der Seligkeit durch die gloria zu teil. Das Verhältnis des Menschen zur Freiheit ist also ein vierfaches, je nachdem er nach seinem Zustande aute peccatum, sub peccato, sub gratia, in confirmatione futurae beatitudinis betrachtet wird. Die libertas a coactione bleibt stets erhalten, denn sie ist vom Schöpfer in die menschliche Natur hineingegründet und kann daher nicht vernichtet werden. Wohl aber wird sie durch den Akt der Sünde, welcher den Verlust der libertas a peccato nach sich zieht, insofern geschwächt und verwundet, als eine Sünde die andere zur Folge hat und den Menschen einer Knechtschaft zuführt, in der er sich seiner doch unverlorenen Freiheit zum Handeln nicht mehr energisch genug bewusst ist. Die libertas a miseria schliesslich wird durch die ewige Strafe (poena aeterna) aufgehoben, welche den Verdammten trifft. Vor diesem Verluste aber kann die

Gnade bewahren, vermöge deren es möglich wird, nur verzeihlich zu sündigen, also der Todsünde zu widerstehen. Hiermit sind wir auf die Gnade gekommen und müssen nunmehr die nähere Lehre Alberts über dieselbe betrachten. Das Erlösungswerk Gottes hatte die Befreiung des Menschen von der Sünde zur Folge; der Vermittler dieser Befreiung an den Menschen ist die Gnade. Dieselbe ist aliquid creatum in homine, also nicht der heilige Geist selbst, ein gratuitum donum dei. Sie ist geschaffen, damit sie uns ein habitus infusus nobis werde, qui nos gratos facit deo et opus nostrum per informationem gratum reddit et dat ei efficaciam merendi vitam æternam. Die Thätigkeit der gratia besteht in dem informare voluntatem, ut possit in opera meritoria, und zwar stets præveniendo. Wie ist nun das Verhältnis der Gnade zur Sünde? Vor allem ist hierbei zunächst festzuhalten, dass jede Sünde, sowohl tötliche als verzeihliche, aus freiem Willen, also nicht aus Zwang geschieht (sonst gäbe es ja kein liberum arbitrium!). Niemand aber kann, sobald die Anlockung, die Sünde zu begehen, an ihn herantritt, derselben aus eigener Kraft Widerstand leisten. Denn wenn auch nicht ein necesse est peccare, so macht sich doch ein non posse resistere geltend, solange die Gnade nicht wirksam ist. Nur sie befähigt die Vernunft dem error und den Willen der concupiscentia zu entgehen. Post reparationem gratiae nun kann jeder das mortale vermeiden, ja das eine kann mit dem anderen nicht bestehen. Nicht ganz so ist es mit dem veniale. Auch zu diesem freilich treibt kein absoluter Zwang, wohl aber eine Notwendigkeit der Unvermeidlichkeit (necessitas inevitabilitatis). Denn eine Sünde pflegt die andere nach sich zu ziehen, und die Neigung zur Sünde ist immer wach: multipliciter tentat fomes et instigat, et tot modis, quod praevideri non possint nec universaliter caveri. Sagt sich nun also der Wille von der sündlichen Neigung los, so ist dies ausschliesslich nur Wirkung der Gnade. Diese kommt der voluntas in zweifacher Weise zu Hilfe, teils als operans (praeveniens), indem sie ihn dazu bringt ut velit, teils als cooperans (subsequens), indem sie dafür wirksam ist, ne frustra velit. Beides ist eadem et una gratia, die nur zwei diversos effectus hat. So durch den Beistand der Gnade unterstützt erwirbt sich der Mensch auf dem Wege der Tugendübung Verdienste, die ihn je länger desto mehr an das Ziel der assimilatio primae bonitati näher bringen. Diese selbst freilich ist in hac vita nicht zu erreichen möglich; denn jenes incrementum gratiae kann bei einem mit der Erbsünde behafteten Wesen nur ein augmentum statui proportionatum, nicht augmentum simpliciter sein. Durch seinen Tugendwandel, der nur durch Annahme der Gnade möglich ist, wird der Mensch gerechtfertigt. Zu dieser Rechtfertigung wird von seiner Seite nichts als sein Konsens erfordert. Er muss seinen Willen zeigen dadurch, dass er alles contrarium gratiae aus dem Wege schafft: deus non iustificat invitum, sed volentem et consentientem. Was diese iustificatio näher betrifft, so handelt es sich hierbei nicht um die iustitia specialis, von der die Philosophen sprechen sondern um die magna virtus der iustitia generalis, jene eine Tugend für sich, diese alle anderen umfassend, jene ein Werk des Menschen, diese Gottes. De congruo, nicht de condigno geschieht diese Gnadenwirkung, d. h, dadurch dass sich der Mensch zur Rechtfertigung disponiert, eröffnet er sich nicht einen Rechtsanspruch auf dieselbe, wohl aber die Aussicht auf Gottes Güte, die ihn nun auch nicht im Stich lassen wird.

Die Frage nach dem Verhältnis der gratia zur virtus leitet uns über zur Betrachtung der Tugendlehre. Die virtutes sind nur insofern gratia, als jedes Geschenk Gottes gratis datur. Die gratia in specie aber ist nicht sowohl gratis data als gratum faciens, nämlich ipsum donum cum quo dat seipsum deus in temporali processione spiritus sancti; in diesem Sinne kann die Tugend nur ein Teil, eine Frucht der Gnade sein. Unter einer Anzahl Definitionen derselben hält Albert die des Augustinus für die passendste: virtus est bona qualitas mentis, qua recte vivitur, qua nemo male utitur, quam solus deus in homine operatur. Jedes dieser vier Merkmale wird von Ihm mit einigen Worten erörtert. Die qualitas ist eine bona, quia virtus in ratione boni determinatur, und zwar in ratione perficientis ad bonum. Die Worte qua recte vivitur weisen darauf hin, dass zu aller Tugend die rectitudo contingendi medium vel finem gehört, das referre opus virtutis ad debitum finem. Bezüglich des an dritter Stelle stehenden Merkmals qua nemo male utitur erinnert Albert daran, dass sich dasselbe eigentlich nur auf die virtutes theologicae beziehe, da mit den anderen nicht seiten ein abusus, freilich nur per accidens, getrieben werde, z. B. wenn eine Tugend propter se, nicht, wie es sein sollte, per se geliebt werde. Durch den Satz quam solus Deus in homine operatur*) findet Albert mit Recht betont, dass der Mensch zur infusio virtutis in keinem ursächlichen Verhältnis steht, da er bei dem Akte der Rechtfertigung seinerseits nur dafür zu sorgen hat, ne ponatur obstaculum spiritui sancto. Die Tugenden werden eingeteilt in theologicae (fides, spes, charitas) und cardinales (prudentia, iustitia, fortitudo, temperentia). Diese Einteilung geschieht mit Rücksicht auf ihre Wirksamkeit, penes causam efficientem. Während nämlich die ersteren drei auf Gott gerichtet sind (movent in finem divinum; fides in verum summum, spes in arduum, charitas in summum bonum et in omne bonum quod est imago summi boni), ordnen die anderen die Leidenschaften nach der rechten Mitte (ordinant passiones et movent in medium quod est in passionibus et operationibus; prud. medium invenit, temp. tangit, fort. tenet, iust. reddit.) Die theologischen sind infusae a deo, die Haupttugenden acquisitae per assuetudinem et doctrinam. Noch zwei andere Einteilungen werden von Albert erwähnt, da sie aliquando aufgestellt würden. Nach ihrem Effekt auf die Seele nämlich könnte man sie (mit Plotinus) unterscheiden in virtutes purgantes, purgatoriae und animi purgati, und nach den Potenzen der Seele (nach Plato), die sie zum actus überführen, in die Tugenden der gesamten Seele (iustitia, liberalitas, magnanimitas), in die der pars concupiscibilis (temperantia und continentia), der pars irascibilis (mansuetudo und fortitudo), der pars rationalis (prudentia).

---

*) Auf den ersten Anschein betrifft dies nur die theologischen Tugenden; aber die cardinales werden — cf. pg. 41 und 42 — doch auch erst durch göttliche Einwirkung, per gratiam et charitatem, zu wahren Tugenden erhoben.

Die zuletzt erwähnte ist zugleich eine der sogenannten intellectuales (ausser prudentia noch sapientia simpliciter, sapientia in hoc = intellectus, scientia, ars). Mit den Worten „de omnibus tamen his tractatum faciemus in tertio (scil. libro), ubi de virtutibus et donis agetur" bricht Albert seine Besprechung der Tugendlehre im zweiten Teil der summa ab. Da er nun dies dritte Buch, ebenso wie das vierte, nicht mehr geschrieben hat, wir uns aber andererseits nicht gern mit dem wenigen begnügen möchten, so müssen wir jetzt den Sentenzenkommentar als Ersatzquelle heranziehen. Unsere pg. 17 geäusserten Bedenken halten wir durchaus aufrecht; wir wollen dem Leser nur ein ungefähres Bild davon geben, wie und in welcher Ausdehnung Albert die in Rede stehende Materie in der summa, falls er sie vollendet hätte, etwa behandelt haben würde. Wie bereits erwähnt, handelt Buch III de reparatione generis humani, zunächst de reparatore, darauf de dispositionibus quae reparant formaliter, ut de virtutibus et donis et praeceptis (dist. 1—22, resp. 23—40). Betrachten wir fürs erste die habitus gratificantes et reparantes, d. h. die virtutes (dist. 23—33 und 36) und die dona (dist. 34 und 35). Betreffs der Tugenden bringen wir hier nur das, was wir nicht schon in der summa darüber kennen gelernt haben. Mit grosser Ausführlichkeit verweilt Albert bei den virtutes theologicae. Sie haben andere rectitudines als die cardinales, die nicht, wie jene, auf die beatitudo, sondern auf die appropinquatio ad medium gerichtet sind. Daher bedeutet das oppositum der card. einen deflexus in superfluum vel diminutum, das der theol. einen deflexus ad bonum commutabile. Die bedeutendste unter den theol. ist die charitas, das vinculum perfectionis, qua diligitur deus propter se et proximus propter deum et in deo. Sie soll sich auch auf die anderen erstrecken, sie aus informes zu formatae machen. Denn ohne die formatio würden denselben die Eigenschaften fehlen, die sie erst zu wahren Tugenden erheben, die uneigennützige Hingabe an das höchste Gut, die Hinordnung zum letzten Ziele (d. h. Gott) und schliesslich die wirkliche Vereinigung mit demselben (coniunctio cum illo; aliud enim est ordinare in finem ultimum et aliud contingere illum). Während so die Liebe gewissermassen die Mutter der anderen Tugenden ist, ex qua nascuntur omnes, wird das Fundament zur höheren Richtung der menschlichen Seele durch den Glauben gelegt. Der actus desselben ist das credere; obwohl dieses sich auf eine unsichtbare Welt bezieht, in welche der Verstand nicht einzudringen vermag (fides est de non apparentibus intellectui eo quod probari non possunt), so ist er doch certior omni arte et demonstratione, quadam certitudine. Der Glaube wieder erzeugt die Hoffnung: fides fundamentum est et spes proxime est superaedificata. Der Gegenstand, mit dem sie sich beschäftigt, sind gleichfalls invisibilia, aber non prout sunt invisibilia; sed prout futura absentia. Die Tugend der Hoffnung vollendet die Seele zum Hoffen (perficit animam ad sperandum); ihr actus ist nicht nur exspectare, sondern extendere se in rem speratam. Weiter können wir uns auf die Untersuchungen über die drei theologicae, wie sie im Sentenzenkommentar vorliegen, nicht einlassen; bemerkt sei nur noch, dass dieselben vielfach ein kasuistisches Gepräge aufweisen. Ueber die cardinales ist nicht viel nachzutragen. Auch sie müssen, wenn sie auch in gewissem Grade durch menschliche Thätigkeit erworben sind, infusae und formatae sein, sollen sie auch ihrerseits zum ewigen Leben beitragen. Sie führen ihren Namen deshalb, quia sunt cardo revolutionis humanae vitae secundum statum honesti. Sie heissen auch politicae oder civiles, da sie zunächst ad bonum statum civitatis pertinent. Dieser Zweck wird durch ein zweifaches erreicht, durch den habitus per rationem determinans rectum ad opera und durch das bene se habere in difficili et optimo in se sive in alterum. Hiernach ergeben sich die bekannten vier Tugenden: für das erste prudentia, für das zweite teils temperantia und fortitudo, teils iustitia. Ihre Stellung und Wertung ist je nach dem Massstab der Beurteilung eine verschiedene. Während die theologischen Tugenden so eng mit einander zusammenhängen, dass der Besitz der einen auch den der anderen beiden nach sich zieht, so besteht zwischen den politischen nur insofern ein concentus, als in jeder derselben etwas von den anderen enthalten ist, indem jede von ihnen ein eligibile (sonst Charakteristikum der prud.).

ein difficile (der fort.), einen modus secundum superfluum et diminutum (der temp.) und ein debitum (der iust.) aufweist. Im übrigen aber brauchen sie nicht immer in einer Person vereinigt zu sein. Noch viel weniger findet dies statt bei den Lastern, da diese causantur ab operibus divisim, quorum uno habito non habetur reliquum. Soviel hier über die Tugendlehre, der wir später noch einmal in populärer Gestalt begegnen werden, bei der Betrachtung des libellus de virtutibus.

Weiter folgt die Lehre von den donis spiritus sancti; es sind sieben, timor, intellectus, sapientia, pietas, scientia, fortitudo, consilium Sie werden bezeichnet als data in adiutorium virtutum vel potentiarum und eingehend nach ihrer Ordnung und Wirksamkeit behandelt; sie jedoch von den gleichnamigen Tugenden zu unterscheiden, was doch nahe gelegen hätte, dazu macht Albert auch nicht den geringsten Versuch.

Den Schluss des dritten Buches des Sentenzenkommentars bildet die Lehre von den zehn Geboten (dist. 37—40), die nach dem Beispiel des Augustinus in drei gegen Gott und sieben gegen den Nächsten unterschieden und eingehend, namentlich mendacium und iuramentum resp. periurium, durchgesprochen werden. Das Gebot wird folgendermassen definiert: praeceptum est imperium obligans ad observationem actus imperati ex auctoritate imperantis vel ex ratione rei imperatae. Wir haben um so weniger Anlass, auf die Ausführungen Alberts über den Dekalog näher einzugehen, als wir sogleich die Lehre von den Sünden und Lastern, die durch jenen verboten werden, aus der summa kennen lernen werden. Die zehn Gebote bilden einen Ausschnitt aus der Gesetzeslehre. Im Anschluss hieran sei gleich darauf hingewiesen, dass bei Albert eine nur einigermassen zusammenhängende Gesetzeslehre überhaupt nicht vorliegt, dass er sich vielmehr der Begriffe lex aeterna resp. temporalis, divina resp. naturalis und ähnlicher nur gelegentlich als bekannter Grössen bedient. Möglicherweise beabsichtigte er auch über diesen Gegenstand sich in seiner summa näher zu äussern.

Wenden wir uns nun zum vierten Buche des Sentenzenkommentars, um auch aus diesem in kurzen Zügen uns das für ein Gesamtbild der Ethik unseres Scholastikers Unentbehrliche anzueignen. Es bezieht sich dies einesteils auf die Sakramente (dist. 1—42), anderenteils auf die Lehre von der Glückseligkeit (dist. 49, art. 6 und 7.) Die sieben Sakramente — baptismus, confirmatio, eucharistia, poenitentia, unctio extrema, ordo, matrimonium — betreffend, so sind sie gleichfalls notwendig zum Heile wie die Tugenden und die Gaben. Zwar verdient sich vermöge der beiden letzteren der sündige, aber durch die Gnade von oben her unterstützte Mensch die sanitas mentis, welche er durch die Sünde verlor; zur Wirksamkeit jedoch wird dieses sein Verdienst erst durch die passio Christi erhoben, die in den Sakramenten sich äussert. So sind also zwei Mittel (medicinae) gegen die Sündenkrankheit verordnet, von denen das eine ausdrücklich gegen die Sünde erst bereitet wurde, während das andere auch ohne Eintritt derselben in die Welt vorhanden sein würde (virtutes et dona etiam haberentur, si non esset peccatum). Bezüglich alles übrigen, was über die Sakramente gebracht wird, kann hier nur angedeutet werden, dass dieselben u. a. nach ihrer Zahl, ihrer Anordnung, ihrem Verhältniss zu den sacramenta veteris legis, ihrer spezifischen Wirksamkeit und anderen Punkten mehr in ausführlichster Weise, namentlich nach der Seite der Kasuistik hin, besprochen werden. Auffallend eingehend, auf 283 Folioseiten, aber beschäftigt sich Albert mit dem Sakrament der Busse, welcher das Vermögen eigen ist commutandi aeternam poenam in temporalem per totius culpae remissionem. Wir betonen diesen Umstand mit Befriedigung, weil daraus geschlossen werden kann, dass sich Albert der hervorragenden Bedeutung gerade dieses Sakraments vollkommen bewusst war, einer Bedeutung, die gerade das Gebiet der Ethik am nächsten berührt. Freilich muss es ausreichen, hierauf aufmerksam gemacht zu haben, da auf die Einzelheiten, z. B. die drei Teile der Busse, contritio, confessio, satisfactio nicht eingegangen werden kann.

Ausser der Lehre von den Sakramenten enthält das vierte Buch noch die Betrachtung der eschatologischen Dinge (dist. 43—50), nämlich der resurrectio, des iudicium, der consequentia iudicium ex parte bonorum et malorum.

Bezüglich all' dieser Erörterungen interressiert uns hier nur dist. 49, art. 6 und 7, welche beide de beatitudine handeln. An dieser Stelle begegnen wir der Glückseligkeitslehre Alberts, die nur hier im Zusammenhange, wenn auch kurz, zur Sprache kommt.*) Es giebt eine beatitudo in via und in patria. Worin besteht die irdische Glückseligkeit? In der möglichst vollkommenen Ausbildung der natürlichen Anlagen, der sittlichen und geistigen Tugenden. Danach unterscheidet sich wieder die felicitas moralis von der felicitas intellectualis sive contemplativa. Jene beruht auf dem actus perfectus der vier moralischen Tugenden, zuhöchst der prudentia, die wieder als gemeinsame Lenkerin die drei anderen unter sich begreift, diese auf der perfectio speculativae intelligentiae cum delectatione contemplationis, das heisst auf der „reinen Erkenntnis und im Schauen der Wahrheit." Soll jedoch diese irdische Glückseligkeit zu ihrer Fülle gedeihen (also beatitudo secundum suum maximum posse, nicht mehr, wie bisher, bloss secundum suum esse), so muss jedes Hindernis, was derselben etwa im Wege stehen könnte, fortgeräumt sein. In dieser Hinsicht kann die fel. mor. z. B. der potestas, der divitiae, der fortunae amicorum, der pulchritudo corporis, der nobilitas und ähnlicher Dinge, die teils organice teils condecorative deserviunt ad beatitudinem, nicht entbehren; und ebenso tragen zur vollen Entfaltung der im Vergleich zu der eben genannten fel. mor. höheren Glückseligkeit, der des Geistes, gewisse Verhältnisse bei, wie der feste Besitz der virtutes morales, einer abundantia exteriorum, eines locus solitarius et liber u. dgl. Soweit die Meinung unseres Scholastikers im Anschluss an die Glückseligkeitslehre des Stagiriten, wie er sie, unterrichtet durch die Kommentatoren, auffasst. Selbstverständlich konnte er sich als christlicher Ethiker mit diesen Sätzen, welche er ad quaedam licet non ad omnia verstanden gelten lassen will, nicht begnügen. Für ihn giebt es eine wahre Glück-

---

*) Wir bringen das Wichtigste daraus und verknüpfen damit gleichzeitig all' die gelegentlichen Aeusserungen über diesen Gegenstand, die sich zerstreut in den anderen Werken finden.

seligkeit, einen status omnium bonorum aggregatione perfectus erst im jenseitigen Leben. Der Zug nach Glückseligkeit ist zwar in jedem Wesen vorhanden (omnes volunt esse beati), aber nicht immer wird die beatitudo da gesucht, wo sie wirklich ist. Reichtum, Gesundheit, Ruhmesglanz u. dgl. sind doch nur Dinge nullius momenti, die häufig sogar facultatem delinquendi in sich tragen. Das wahre Ziel, zu dem der Mensch geschaffen wurde, ist allein die fruitio dei, die er freilich nicht erreichen kann, solange die Seele noch im Körper weilt und von den Leiden desselben umgeben wird. Trotzdem ist es seine Aufgabe, diesem Endziele seines Lebens schon auf Erden so nahe wie möglich zu kommen. Dies geschieht vermöge eines übernatürlichen, nicht wie bei Aristoteles einseitig abstraktiven Erkennens, wobei die intellektive Seele (intellectus und namentlich voluntas sind daran beteiligt) auf den Flügeln der mit Glaube und Hoffnung geeinigten Liebe zu Gott eilt und sich in ihn zu ergiessen strebt. Also die theologischen Tugenden, nicht wie bei Aristoteles die acquisitae, namentlich die Liebe, führen zum höchsten Ziele, das bei beiden ja freilich auch ein verschiedenes ist. Im Vergleich zu ihnen kommt den anderen Tugenden höchstens die Stellung von Dienerinnen zu. Denn dies und nur dies wollen nach unserer Meinung die Worte besagen (cf. summa, pars I, tract. 2, qu. 7, m. 1):*) ..... aliarum autem virtutum cardinalium est sicut disponentium ad perfectum, secundum quod dicit Philosophus, quod virtus est dispositio perfecti ad optimum. Et sic aliae virtutes operantur, sicut removentes prohibens vel impediens et ad perfectissimum disponentes. Tamen ipsa fruitio propria amoris est, etc. Wir werden im dritten Teil unserer Abhandlung mit diesem Punkt uns näher zu befassen haben, da er Anlass zu einer Controverse giebt. In dieser adhaesio dei erwächst für das fromme Gemüt schon hier eine aperta visio, eine beata

---

*) Vorher geht: fruitio proprie secundum inhaesionem charitatis est: organice autem deserviunt comprehensio quae deservit spei et aperta visio quae succedit fidei.....

delectatio, im Hinblick auf welche die irdische Wallfahrt (peregrinatio) leichter ertragen wird und der Wunsch, recht bald aus der Welt zu scheiden, lebhaft entbrennt. Es liegt an und für sich etwas Geheimnisvolles in diesem Vorwegnehmen des Unendlichen in das Endliche, und so werden wir uns nicht wundern, dass Albert für die Schilderung dieses Glückes die schönsten Farben in seinen mystischen Schriften gefunden hat, von denen wir paradisus animae und de adhaerendo deo noch näher kennen lernen werden.

Hiermit verlassen wir den Sentenzenkommentar, den wir als Ersatzquelle nicht entbehren konnten, um nunmehr unseren Bericht über den Inhalt der summa, soweit er für unsere Zwecke dienlich ist, mit der Schilderung der Sündenlehre fortzusetzen. Beginnen wir gleich mit der Erbsünde! Zu leugnen, dass es eine solche giebt, wäre häretisch. Thatsächlich wird durch das peccatum originale die Sünde fortgepflanzt, da der Wille Adams den Willen der ganzen Menschheit darstellte, wie überhaupt alle Nachkommen (mit Ausnahme Christi) in ihm waren secundum totam naturam corpulentae substantiae. Und zwar nur von Adam, in dem alle Menschen sündigten, stammt die Erbsünde, nicht von den proximi parentes, die nur die mittleren Glieder der Vererbung sind. Hierdurch ist der Mensch nicht nur der natürlichen Gerechtigkeit, welche er nach göttlichem Willen haben müsste (debita iustitia), beraubt, sondern er wird auch durch den Zunder der Sünde, der auf der Sensualität beruht (fomes concupiscentiae), zum Bösen gereizt: in jenem liegt das formale, in diesem das materiale Moment des Wesens der Erbsünde. So ist dieselbe teils culpa, teils poena, a parentibus ad parvulos transmissa per concubitum seminalem, per quem non fit sed transfunditur peccatum. Vom Fleisch geht dann die Verderbnis auf die Seele über, sodass, wie beim peccatum originale originans (in Adam) persona corrupit naturam, beim peccatum originale originatum (in der gesamten Menschheit) natura corrumpit personam. Von den vielen Fragen, die Albert weiterhin über das peccatum originale aufwirft, kann uns nur noch die nähere Betrachtung des fomes interessieren. Derselbe ist, wie wir schon hörten,

Strafe für die Schuld, und zwar sequela propria originalis peccati, zugleich aber auch Sünde quia et est ex peccato et inflammat ad peccatum. Wie Albert über das Verhältnis Gottes zur Sünde denkt, ist von uns schon in einem anderen Zusammenhange (cf. pg. 25/26 u. 27, 28) mitgeteilt worden, weshalb wir es hier übergehen können. Auch über die Beziehungen zwischen Gnade und Erbsünde sind wir bereits unterrichtet, cf. pg. 38, 39. Daher sei hier nur kurz daran erinnert, dass die concupiscentia in keinem Menschen, mit Ausnahme der beata virgo, vollständig erlischt, und dass sie auch post reparationem per gratiam eine gewisse necessitas pronitatis non ad mortale sed ad venjale (es ist dieselbe, welche pg. 38 necessitas inevitabilitatis genannt wurde) mit sich bringt, ohne indessen den freien Willen aufzuheben. Nachdem wir so das Wichtigste über die Erbsünde kennen gelernt haben, gehen wir schliesslich zur Besprechung der aus derselben hervorgehenden Einzelsünden über. Ueber diese handelt Albert in sieben vollen Traktaten, tract. XVIII—XXIV incl. . Uns muss es genügen, den reichen Inhalt auch dieser Ausführungen nur nach seinen Hauptzügen vorgelegt zu haben. Man pflegt die Sünden nach verschiedenen Gesichtspunkten einzuteilen. Wir finden in der summa deren acht angeführt. Danach ergeben sich penes reatum peccati: peccata venialia und mortalia, penes instrumenta peccati quibus peccatum perficitur: p. cordis (concupitum), oris (dictum), operis (factum), penes materiam in qua est peccatum: superbia, invidia, acedia, ira, luxuria, gula, avaritia, penes causas ex quibus dicitur peccatum: p. ex infirmitate, ex ignorantia, ex industria sive ex certa malitia, penes inclinantia ad peccatum: p. ex timore male humiliante, ex amore male inflammante, penes fines peccatorum: p. ex concupiscentia carnis, ex concup. oculorum, ex superbia vitae, penes eum in quem peccatur: p. in deum, in proximum, in seipsum, penes formale in peccato: p. delictum, commissum. Seinem gleich nach dieser Aufzählung geäusserten Vorhaben, all' diese zu erörtern, entspricht Albert insofern, als er nur einige von diesen Kategorien eingehend für sich behandelt, die übrigen dagegen wenigstens bei Gelegenheit kurz streift. Zunächst wird das veniale und mortale besprochen. Von beiden ist bisher schon viel im Laufe der Darstellung geredet worden; es wird daher willkommen sein, jetzt ein zusammenhängendes Bild darüber von Alberts Hand zu erhalten. Die Bezeichnung veniale kann einer Sünde in dreifacher Beziehung beigelegt werden, ex genere, ab eventu, ex circumstantia. Nur um die erstere Klasse, das eigentliche veniale, kann es sich hier handeln. Die poena, welche auch das veniale verdient, ist eine solche, quae iam habet admixtam gratiam; denn das Licht der Gnade wird durch die lässliche Sünde nicht ausgelöscht. Gegen diese Strafe hat die Kirche eine Anzahl levia remissiva, wie z. B. das tägliche Gebet ‚dimitte nobis peccata nostra', die tonsio pectoris, die aspersio aquae benedictae, die benedictio pontificalis u. dgl. Frei vom veniale ist in diesem Leben kein Mensch, höchstens ad horam quando fecit confessionem. Was das Verhältnis des veniale zum mortale angeht, so haben sie zwar in drei Punkten etwas Gemeinsames. Beide beruhen nämlich auf einer delectatio, beide haben zu ihrer nötigen Unterlage dasjenige Vermögen des Menschen, das ihn von den brutis unterscheidet, das liberum arbitrium, beide beflecken die Seele. Sonst aber stehen sie in schroffem Gegensatz zu einander. Denn das mortale duldet nicht neben sich die Gnade, es ist nicht citra, sondern supra et contra deum, wird bestraft nicht mit zeitlicher, sondern ewiger Strafe, der mors aeterna. Daher kann auch das veniale nie zu einem mortale werden. Nur dann wird es in die Strafe für das letztere mit hineingezogen, wenn der Sterbende mit einem peccatum mortale dahingeht, während dem decedens iustus kraft der gratia finalis das veniale ohne weiteres erlassen wird. Nach einer sprachlich-sachlichen Erklärung der verwandten Ausdrücke peccatum, crimen, vitium, culpa, malum u. s. w. tritt Albert an die ausführliche Darstellung der sieben vitia capitalia heran. Dieselben tragen diesen Namen, teils weil sie, wie jedes mortale, capite plectuntur sive puniuntur, teils und im besonderen weil aus ihnen sicut ex capite viele andere Sünden entstehen. Sie werden in folgender Reihenfolge abgehandelt: superbia, invidia, acedia, ira, avaritia, gula, luxuria. Die drei ersten sind spiritualia, die drei letzten corporalia peccata; zwischen diesen Gruppen steht die ira, da sie an beiden teil hat.

Als regina vitiorum wird die superbia genannt, der die invidia als pedisequa auf dem Fusse zu folgen pflegt. Sämtliche acht werden nach zwei Gesichtspunkten betrachtet, nach ihrem Wesen und nach ihrem Verhältnis zu anderen aus ihnen entspringenden Sünden. Bezüglich des ersten Punktes begegnen uns u. a. folgende Fragen: quid sit, an sit semper peccatum, quantum sit peccatum, quid sit motivum in eo, an sit semper mortale vel aliquando veniale. Auf die Aufzählung der „Töchter," die beiläufig zusammen die stattliche Zahl von mehr als sechzig betragen, dürfen wir schon deshalb verzichten, weil Albert selbst — freilich im Widerspruch mit seiner eigenen Geschwätzigkeit — an einer Stelle bemerkt ‚plura de talibus quaerere magis est curiosum quam fructuosum.' Die Besprechung der luxuria giebt ihm Gelegenheit, das geschlechtliche Leben in und ausser der Ehe zu beleuchten. Er berührt damit einen Gegenstand, den er bereits im Sentenzenkommentar betreffs des matrimonium mit breiten Zügen geschildert hatte. Die schonungslose Weise, wie er sich über diese Verhältnisse mit heiligem Zorn und zugleich unter Aufbietung medizinischer Sachkenntnis an genanntem Orte äussert (in einem theologischen Werke!), entschuldigt er mit Hinweis auf die monstra in confessionibus, die zu derlei Untersuchungen nötigten (cf. Sent.- Komm., Buch III, dist. 31). Ausser den beiden eben geschilderten Gruppen (veniale - mortale, capitalia) verweilt Albert näher nur noch bei den peccata, quae ex privatione actus denominantur (tract XIX; omissio=delictum, ferner negligentia und ignorantia), quae in verbis consistunt (tract. XX; mendacium, multiloquium, taciturnitas de deo. contentio, maledictum), quae maxime in actione voluntatis consistunt (tract. XXI; iudicium suspicionis und personarum acceptio), schliesslich bei dem peccatum in spiritum sanctum (tract. XXIII). Wir berücksichtigen den Inhalt dieser vier Traktate nicht weiter und bemerken nur, dass die auf vorhergehender Seite mitgeteilten Fragepunkte im wesentlichen auch hier zur Anwendung kommen und dass die Sünde wider den heiligen Geist als die schwerste von allen hingestellt wird, da sie ex certa malitia hervorgehe und obstinatio mentis sowie impoenitentia finalis mit sich führe. Ein höheres Interesse dürfen tract. XXII (de radicibus peccatorum) und tract. XXIV (de potentia peccandi) beanspruchen. Ueber die Macht zu sündigen, die zugleich auch eine impotentia ist, über ihre Beziehung zu Gott u. dgl. haben wir jedoch schon öfter, so in tract. VI des ersten Teiles der summa, Alberts Meinung erfahren; als Neues kommt hier nur hinzu die Unterscheidung von potestates seculares und ecclesiasticae. Ersteren müsse man Folge leisten, vorausgesetzt, dass sie nicht contra ordinationem divinam praecipiunt, letzteren, soweit es sich um den Papst, den ordinarius omnium hominum, handelt, unbedingt gehorchen, während die Macht der anderen geistlichen Vorgesetzten gegen ihre Untergebenen nur eine potestas limitata sei, welche sine inferioris voluntate wenig ausrichte. So bleibt uns nur noch übrig, folgendes über die radices peccatorum mitzuteilen. Jede Sünde entsteht teils aus einer anderen als deren poena, teils ex timore male humiliante vel ex amore male inflammante, teils ex concupiscentia carnis vel ex concup. oculorum vel ex superbia vitae. Einer näheren Erklärung bedarf diese Aufstellung nicht; man sieht leicht, wie auch hier, nur mit anderen Worten, jede Einzelsünde aus dem peccatum originale und dem auf diesem beruhenden fomes hergeleitet wird. Dies bezieht sich also mehr auf den objektiven Grund der Sünde; der subjektive Grund des Guten wie des Bösen liegt aber im Willen. Unter allen Seelenkräften kann nur die voluntas für das menschliche Handeln verantwortlich gemacht werden, denn sie allein ist libera und zugleich universalis motor in toto regno animae. Schliesslich wird von der intentio gehandelt.

Nachdem wir uns über den ethischen Inhalt der theologischen Summe Alberts unterrichtet haben, gehen wir nun zu den beiden kleineren Traktaten über, um auch von ihnen uns ein gedrängtes Bild ihres Inhaltes zu verschaffen.

Aus dem paradisus animae sei folgendes mitgeteilt. Im Prolog weist Albert darauf hin, dass bei vielen eine Unklarheit darüber besteht, was als Tugend und was als Laster anzusehen sei. Dieses Schwanken in der Ansicht der Menschen will er durch eine eingehende Betrachtung

4*

der „wahren und vollkommenen" Tugenden beseitigen. Denn eine genaue Kenntnis dieses Gegenstandes ist für uns durchaus nötig; wie man für falsches Geld nichts Gutes kaufen könne, so kann man auch durch falsche Tugenden des Reiches Gottes nicht teilhaftig werden. Nur durch den Vollbesitz der rechten Tugenden wird der Mensch seinem Schöpfer angenehm. Nach diesen einleitenden Worten folgt nun in langer Reihe eine Aufzählung und genaue Charakterisierung der hauptsächlichsten Tugenden. Es sind, wie wir schon wissen, nicht weniger als zweiundvierzig, mit denen uns der Verfasser bekannt macht. Er betrachtet sie nach zwei Richtungen, in Beziehung auf Gott und auf den Nächsten. Als Beispiel der Darstellungsweise und des näheren Inhalts möge eine Schilderung des ersten Kapitels, welches über die Liebe (charitas) handelt, hier eine Stelle finden. Die wahre Liebe giebt sich Gott als ihrem Gegenstande hin ohne Gedanken an Vorteil oder Belohnung; sie entsteht dadurch, dass wir Gott in seiner Wesenheit richtig erkennen. Das nähere Kennzeichen der Liebe ist Thun nach den Geboten Gottes, nicht aus Furcht oder Hoffnung, sondern weil es so befohlen ist und daher das Beste für uns sein muss. Weitere Zeichen unserer wahrhaften Liebe gegen Gott geben wir dadurch, dass wir alles, was geschieht, im Hinblick auf ihn beurteilen, d. h. mit Freude begrüssen, was gut, und Trauer darüber empfinden, was nicht gut ist. Wahrhafte Liebe zum Nächsten beweisen wir, indem wir ihn wie uns selbst lieben, mag er unser Freund oder Feind sein. Wie es uns am Herzen liegt, für uns das Gute zu schaffen und dem Schaden aus dem Wege zu gehen, so soll es auch Interesse für uns haben, wie es dem Nächsten in dieser Beziehung ergeht. Ist es rühmlich, den zu lieben, der uns liebt, so ist es noch viel rühmlicher, ja zeigt erst die rechte Liebe, wenn wir unserm Feinde dieselbe erweisen. Anspornen zur rechten Liebesgesinnung muss uns dreierlei: der Hinblick auf die niedere Kreatur, der Gedanke daran, dass wie in uns, so auch im Nächsten Gottes Bild ausgeprägt ist, schliesslich die Vorschriften, welche die Bibel darüber enthält. Das wirkliche Vorhandensein der Liebe zum Mitmenschen tritt besonders dadurch zu Tage, dass sein Glück sowohl wie sein Unglück in

uns aufrichtige Teilnahme erwecken. Es ist ein feiner
Zug, wenn Albert hierbei die Bemerkung nicht unterdrückt,
dass dieser Forderung der wahren Mitfreude und des wahren
Mitleids in den seltensten Fällen auf dieser Welt ent-
sprochen wird. Der Gegenpol der Liebe ist der Hass.
Auch über diesen äussert sich Albert und weist die An-
zeichen für das Vorhandensein desselben auf. Dieses Beispiel möge genügen. Man ersieht aus demselben die Art
und Weise, wie der Verfasser den einzelnen Tugenden,
welche er sich im Paradies zu schildern vornimmt, gegenüber verfährt. Wir verweisen in dieser Beziehung auch auf
die früher von uns hierüber gemachten Bemerkungen. Von
nun an geben wir nur noch einen summarischen Ueberblick
und greifen das Wesentlichste aus der Fülle der Betrachtungen heraus. Von den zweiundvierzig Zierden, auf deren
Aufzählung wir glauben verzichten zu können, werden
einige als besonders wichtig gekennzeichnet. Die Liebe
(charitas) gilt als Urgrund und Schmuck aller übrigen
Tugenden. Allen voran steht ferner die discretio („die
taktvolle Verwalterin alles Handelns"); von ihr heisst es,
sie sei magistra omnium virtutum, statuens omnibus modum et ordinem. Weiter wird auf die perseverantia ein
grosses Gewicht gelegt: ex ea omnis virtus coronabitur et
tota salus nostra in ea consistit. Die mansuetudo wird
als magna virtus, una summae perfectionis bezeichnet, der
timor als signaculum et conclusio omnium virtutum, die
simplicitas als virtus sine qua non est salus. So könnten
wir fortfahren, denn Albert hat schliesslich für jede einzelne Tugend ein besonderes lobendes Wort. Man sieht,
sein frommes Gemüt mochte nicht leicht auch nur eine
Blüte aus dem vollen Tugendkranze missen. In demselben
begegnen uns auch die schon bekannten virtutes cardinales
und theologicae; doch werden sie weder unter diesem Namen
angeführt, noch wird auf sie besonders hingewiesen. Sie
stehen hier gleichwertig neben vielen anderen. Der Grund-
gedanke, der sich durch die ganze Schrift verfolgen lässt,
ist die Aufforderung, der Welt mit ihren Lüsten und Ver-
suchungen abzusterben, sich ihrem Einflusse zu entziehen
und sich ganz der Erreichung des letzten Zieles, zu welchem der Mensch bestimmt ist, der Glückseligkeit, zu

widmen. Der Weg zu dieser ist die contemplatio. Ihr sowohl wie ihrer Voraussetzung, dem contemptus mundi, sind je ein Kapitel zugewiesen. Mit dem contemptus mundi ist jedoch noch nicht genug gethan; die Verachtung der Welt muss sich steigern bis zur Selbsterniedrigung (contemptus sui). Der Mensch, der nicht verdient, ein Wurm unter den Kreaturen zu sein, soll sich aller Geschenke Gottes für unwürdig halten und sich bewusst sein, dass er alles der unverdienten Gnade seines Schöpfers verdankt. Aber von seiner Seite muss auch etwas geschehen; beides ist notwendig, eines allein genügt nicht. Seine Aufgabe sind die guten Werke (bona opera), die thätige Befolgung der göttlichen Gebote, der Wandel auf dem Wege der Tugenden. Und nicht nur die Vervollkommnung der eigenen Persönlichkeit ist die Aufgabe des wahren Christen. Auch der zelus animarum soll sich bethätigen, der Eifer, anderen den Weg, welcher zur Höhe führt, zu bereiten und dadurch dem Herrn neue Seelen zu gewinnen. Auf der einen Seite sollen wir also den Ansprüchen, die das Leben an uns stellt, durch tugendhaftes Handeln, durch sittliche Thätigkeit gerecht zu werden suchen, auf der anderen dem Leben ganz entfliehen, um das eine, was not thut, zu erlangen. Es ist unschwer ersichtlich, dass hier zwei nicht ausgeglichene Forderungen gestellt sind. Trotz dieses Schwankens zeigt sich doch deutlich, dass Albert, dem Mönche, die Befolgung der consilia evangelica weit mehr gilt als die der praecepta, dass ein thätiges Leben in der Welt — und nur in dieser kann es doch hauptsächlich zur Geltung kommen — im Vergleich zur höheren Vollkommenheit eines der Kirche oder dem Mönchtum Geweihten nur ein niedriger Standpunkt ist. So fehlen denn auch die spezifisch mönchischen Tugenden der humilitas, solitudo, paupertas u. a. in der Reihe der übrigen nicht. Ueberhaupt ist der allgemeine Standpunkt Alberts der kirchlich anspruchsvolle. Die Tugenden werden nicht nur in ihrem Verhältnis zu Gott und zum Nächsten betrachtet, sondern auch an mehreren Stellen im Hinblick auf die Kirche und ihre Würdenträger, ebenso wie auf die religiosi (Ordensleute). So kennt Albert z. B. ausser der allgemeinen Pflicht des Gehorsams noch die der Obedienz gegen die Prälaten und schärft sie nachdrücklich ein. Der dem libellus beigegebene Epilog ist in Gebetform abgefasst. Der Verfasser bekennt demütig, dass er bisher noch nicht zum Anfange einer der Tugenden gekommen sei, die er hier nach ihrer Vollendung geschildert habe. Zum Schluss erbittet er sich von Gott die discretio und für den Leser seines Schriftchens wenigstens eine wahre und vollkommene Tugend; denn „wer eine erhält, wird alle erhalten, wer in einer zunimmt, nimmt in allen zu, wer in einer zurückgeht, geht in allen zurück, wer eine nicht hat, hat alle nicht, weil alle vereint sind in der Gnade."

Wir wenden uns nun zum Buche de adhaerendo deo. Es enthält den frei dahin strömenden Erguss eines in mystischer Versenkung befindlichen gläubigen Gemütes. Der nähere Inhalt dieses anmutigen, aber ziemlich verschwommenen, dispositionslosen Traktates ist in kurzen Zügen folgender. Gott ist das höchste Gut. Zu ihm gelangt man auf zwei Wegen. Der eine führt durch die praecepta, der andere, welcher das Ziel leichter (expeditius) erreichen lässt, durch die consilia evangelica. Der letztere ist der, welchen die religiosi wandeln. Seiner Betrachtung ist das Buch gewidmet. Dasselbe ist eine grosse Variation über das eine Thema, welches auch schon im paradisus erklang: Loslösung von der Welt mit ihren phantasmata und imagines und Vertiefung der Seele in Gott durch die Liebe. Die Macht der letzteren ist es, die uns aus der Erde zu den himmlischen Höhen emporzieht. Indem sich die Seele in Gott ergiesst, wird sie deiformis. Hierzu bedarf es einer Uebung (exercitium), aber nicht einer durch die Sinne, sondern durch die höheren Kräfte der Seele (intellectus und voluntas) vermittelten, sowie eines reinen Herzens. Von dem so zu erreichenden Zustand heisst es: vere Christianus — also wer sich nicht der Kontemplation ergiebt, ist kein wahrer Christ! — unitus esse debet intellectu per bonam voluntatem divinae voluntati et bonitati. Eine Vereinigung des Menschen mit Gott (was natürlich nicht pantheistisch zu verstehen ist) ist demnach das Resultat des höheren menschlichen Ringens. Von Gottes Seite geschieht dazu, wie wir weiter erfahren, eine Einwirkung durch die Gnade, die zuversichtlich durch Gebet erfleht werden muss. Freilich sollen die Anstrengungen zur Erreichung dieser adhaesio dei ernstliche sein. Den Gipfel des Berges stets vor Augen möge der Wanderer nur ausharren und rüstig weiterstreben; dann werde er schon sein Ziel endlich erklimmen. Als treffliche Mittel zur Förderung der plenitudo, d. h. der vollkommenen Hingabe an Gott, werden schliesslich mit beredten Worten Prüfung des eigenen Gewissens, Geringschätzung seiner selbst, vor allem Zuversicht auf die göttliche Vorsehung empfohlen. Dieses kindliche Vertrauen auf Gott vermag den Menschen in seinem Schuldbewusstsein zu beruhigen; denn die Sünde, die ihn von Gott trennt, kann nur göttliche Allmacht, nicht menschliche Kraft aus dem Wege räumen. Wie wir sehen, wird auch hier das Leben in höherer Führung gepriesen, im Vergleiche zu dem alle actualis devotio nur als Nebensache gelten kann. Trotzdem möchte Albert ebenso wie im paradisus die geringere Stufe, auf der schwächere Seelen sich der Beschäftigung mit den irdischen Dingen hingeben, nicht ganz verwerfen. Immerhin sei ja anzuerkennen, dass das animale, nicht das spirituale das prius sei. Aber wie aus Finsternis das Licht geboren werde, so müsse man auch bestrebt sein a labore actionis ad quietem contemplationis, a virtutibus moralibus ad theoricas et speculativas vorzuschreiten. Jedenfalls dürfe der Blick auf die Kreaturen nicht die Erhebung zum Kreator verhindern.

III.

So haben wir den ethischen Stoff, soweit er in Alberts Werken enthalten ist, durchwandert. Ein Rückblick lehrt, dass wir es nicht mit einem organisch gegliederten Ganzen — was, wie wir wissen, auch gar nicht Alberts Absicht war —, sondern bezüglich der summa mit einer grossen Materialiensammlung zum Bau einer Ethik, bezüglich der beiden anderen Schriften mit kleineren Ausschnitten aus dem weiten Gebiete derselben zu thun haben. Ohne den unmöglichen Versuch machen zu wollen, aus dem hier und da Zerstreuten ein wirkliches System zu errichten, wollen wir wenigstens die einzeln laufenden Fäden zu einem knappen Gespinste vereinigen. Hierbei interessieren uns natürlich nur die grossen Züge, da das einzelne uns ja aus den Inhaltsangaben bekannt ist. Die Summe der albertischen Ethik liesse sich kurz etwa so zusammenfassen.

Zwei Mächte herrschen in der Welt und kämpfen gegen einander, das Gute und das Böse. Nur dem ersteren kommt wahrhaftiges Sein zu, denn das Böse, die Sünde in ihrer mannigfachen Gestalt, ist nur der Mangel dessen, was eigentlich sein sollte. Zwischen beiden schwankt die menschliche Seele, welche selbst unsterblich für die Dauer des irdischen Daseins einem vergänglichen Leibe eingeschaffen ist, unstet hin und her, obwohl Gott seinen Willen als Norm des sittlichen Handelns bekannt gegeben hat. Denn die Erbsünde, die zugleich Schuld und Strafe ist, zieht den Menschen hinab, aber die Gnade richtet ihn wieder auf, indem sie ihm hilft, der Concupiscenz, welche zum Sündigen anlockt, wenn auch nicht nötigt, erfolgreich zu widerstehen. Durch diese Einwirkung von oben her wird er zu guten Handlungen befähigt vermöge der natürlichen und übernatürlichen Begabungen (virtutes cardinales et theologicae, dona), zu welchen die Naturgabe des freien Willens (liberum arbitrium) als notwendige Voraussetzung tritt, und nimmt mit teil an den geheimnisvollen Zeichen, die zwischen Gott und Mensch vermitteln (sacramenta). So vereinigen sich seine und Christi, des Erlösers, Verdienste, um ihn zu seinem wahren Ziele zu bringen. Dieses liegt allein in Gott. Bei ihm zu sein in der Herrlichkeit, die durch Adams Fall verloren ging, ist der Endzweck alles Geschaffenen. Aber auch schon hier im Erdenwandel sollen wir ihn geniessen, indem wir ihn geistig anschauen und mit heiligen Gefühlen verehren, so dass die Schranke zwischen ihm und uns von der sehnsüchtigen Seele durchbrochen wird. Alle sonstige irdische Thätigkeit hat neben dieser beschaulichen wenig Wert; es giebt freilich ein weltliches Leben in den täglichen Geschäften (im Staate), aber es wird nur durch Beziehung auf die letzte Bestimmung berechtigt. Gegenüber der höheren Staffel (Kirche und zuhöchst Mönchtum) ist es nur ein niedriger Standpunkt, der im Grunde doch mehr hemmt als fördert, so dass er am besten überhaupt gemieden wird. Freilich ist die thätige Befolgung der praecepta gut, weit verdienstlicher aber die Erfüllung der consilia evangelica. Denn von Gott ist der Anfang, zu Gott und bei Gott das Ende.

Treten wir nun an eine allgemeine zeitliche und sachliche Beleuchtung der albertischen Ethik heran! Schon bei oberflächlicher Prüfung entdecken wir in ihr die Merkmale, welche sie gleich als mittelalterliche kenntlich machen. Der eigentliche Charakter der mittelalterlichen Ethik, welcher dieselbe als eine besondere Form neben vier anderen*) erscheinen lässt, besteht nämlich, wie Harms (Die Formen der Ethik, Abhandl. der Berliner Akad. d. Wiss., Berlin, 1878, pg. 64—66) überzeugend nachgewiesen hat, in dem zweifachen Gegensatz von Staat

---

*) Die übrigen vier Formen sind nach Harms die griechische Ethik, die indische, die des Naturalismus in der neueren Philosophie vor Kant und die der geschichtlichen Weltansicht in der deutschen Philosophie seit Kant.

und Kirche und des Bösen und Guten. Dass diese Auffassung bei Albert wirklich vorhanden ist, brauchen wir im Hinblick auf unsere Inhaltsangabe nicht erst zu beweisen. Der genannte Gegensatz ist nur eine weitere Ausbildung eines Gedankens, betreffs dessen das Mittelalter die Vaterschaft für sich in Anspruch nehmen muss, des Gedankens einer Philosophie der Geschichte. Danach wird „die Geschichte aufgefasst als eine Erziehung des ganzen Menschengeschlechts durch göttliche Offenbarung, das geschichtliche Leben selbst als ein ethischer Prozess." In der That lassen sich diese Züge in der Ethik aller Patristiker und Scholastiker als Gemeinsames verfolgen, freilich nicht ohne dass sich eine gewisse Entwicklung darin bemerkbar machte. Denn es ist ja von selbst klar, dass man zu den Gliedern jenes Gegensatzes in verschiedener Weise Stellung nehmen konnte. Hier muss daran erinnert werden, dass die ursprüngliche Schroffheit desselben sich allmählich milderte. Die augustinische Lehre, wonach in der Welt nur Sünde und das Heil allein in der Kirche liege, wich bei den Scholastikern der Meinung, dass beide, Staat und Kirche, nebeneinander bestehen könnten. Zur Anerkennung der Gleichwertigkeit beider freilich erhob sich kein einziger von ihnen, und trotz aller Versuche, das weltliche Leben mit dem religiösen auszugleichen, kam man über die Schätzung desselben als eines grösseren oder kleineren Gegensatzes niemals hinaus. Hiermit ist zugleich gesagt, dass auch Albert davon keine Ausnahme machte, was wir ja auch schon im zweiten Teil unserer Arbeit mehrfach zu beobachten Gelegenheit hatten. Da nun aber Harms (l. c. pg. 73) behauptet, Albert habe den allgemeinen Fehler der scholastischen Ethik vermieden und dieselbe deshalb zu ihrer höchsten Ausbildung gebracht, so haben wir hier die Pflicht, die Sache noch einmal näher zu prüfen. Harms meint nämlich, dass bei Albert „die theologischen Tugenden nicht ohne die Pflichterfüllung des weltlichen Lebens gewonnen werden können." Verhielte sich dies so, so würde allerdings hierin „ein Fortschritt und die höchste Stellung der mittelalterlichen Ethik" enthalten sein, weil dem praktischen Leben ein höherer Wert als sonst in der Scholastik, der Rang eines wahren Gutes beigelegt wäre. Aber um derartiges mit solcher Bestimmtheit behaupten zu können, wie Harms es thut, wäre ein zweifaches nötig, einmal dass unzweideutige Stellen für diese Auffassung im Schriftsteller selbst vorlägen, zweitens dass keine andere Anschauung nebenher liefe, die die erstere vielleicht in Frage stellte. Das zweite nun ist der Fall, das erste aber, sofern es sich um einen zwingenden Ausspruch handelt, nicht. Gewiss, Albert unterscheidet zwei Arten des sittlichen Lebens, das praktische in den weltlichen Geschäften, gegründet auf den virtutes acquisitae-cardinales, und das theoretische in den frommen Betrachtungen, gegründet auf den virtutes infusae-theologicae. Aber nicht beide haben für ihn die gleiche Berechtigung. So lesen wir zwar, dass neben dem frui ein uti erlaubt ist, dass die weltlichen Tugenden durch Übung und Lehre erlangt werden, dass sie zur natürlichen Glückseligkeit und so zu einem bonum virtutis politicae führen. Aber dieses Gut kann doch nur ein sehr relatives, kann nicht Selbstzweck sein gegenüber dem Endziel der fruitio Dei. So bezieht sich das uti doch nur auf das Gute oder vielmehr auf das dem summum bonum verwandte Gute; so gewinnen jene Tugenden erst dadurch Intensität, dass sie durch die theologische Tugend der charitas unter Beistand der göttlichen Gnade „formiert" werden, und haben schliesslich doch keinen anderen Wert, als den Weg für das höhere Leben in der Contemplation zu ebnen. Man beachte in der pg. 46 mitgeteilten Stelle den feinen Unterschied auch im sprachlichen Ausdruck, nämlich organice deservire von den theologicae und disponere von den cardinales. Aus den Worten Alberts aber mit Harms zu folgern, dass derselbe dem weltlichen Leben die Eigenschaft einer notwendigen Grundlage beimisst, würde Irrtum sein. Nicht weil es unentbehrlich wäre, ist das weltliche Leben ein Mittel für das höhere; sondern weil es nun einmal da ist und nicht übersehen werden kann, muss mit ihm als einem unbequemen Faktor gerechnet werden. So gleicht es einer Magd, der im Dienste ihres Herrn aufgegeben wird, ganz zu vergessen, dass sie von Natur doch eigentlich auch ein eigenes Selbstleben hat. Kurz, Alberts mystisch-asketisches Ideal vertrug sich nicht mit einer vollen Anerkennung des Nichtreligiösen, so oft es auch den Anschein hat, als ob er dasselbe gelten lässt. Das praktische Leben ist bei ihm so wenig eine conditio sine qua non, dass es sogar am besten ganz verlassen wird. Also nicht „ergänzt" wird das weltliche Leben durch das theoretische, wie Harms meint, sondern dieses sucht sich mit jenem, so gut als es geht, abzufinden; nicht „lässt die Pflichterfüllung des weltlichen Lebens die theologischen Tugenden gewinnen," sondern diese entstehen durch eine ganz andere Macht, die Gnade, welche erst wieder auf die anderen einwirkt und dieselben dadurch zu einigem Werte stempelt, wodurch sie ja freilich zugleich auch an ihrer Eigenart verlieren. Albert vergass ganz, dass das Interesse der Menschen auch aufs Diesseitige und Wirkliche gerichtet ist und sein darf, und wir meinen, dass seine hauptsächlich die religiosi im Auge habende Ethik sich wenig derer annimmt, die im Gewühle des Lebens stehen. Für uns hat daher auch er den allgemeinen Fehler aller scholastischen Ethik nicht überwunden; auch bei ihm wird das sittliche Leben nicht als ein ganzes und einheitliches aufgefasst, da trotz aller Beziehung der einen auf die anderen die philosophischen und theologischen Tugenden doch unvermittelt neben einander stehen. Indem wir daher schliesslich noch ausdrücklich hinzufügen, dass die asketische Richtung Alberts nicht etwa nur in seinen mystischen Schriften enthalten ist, sondern auch in den anderen, namentlich im Traktat II des ersten Teiles der summa, weisen wir die Harmssche Behauptung als eine irrtümliche und unbewiesene zurück.

Ist so die albertische Ethik als mittelalterliche gekennzeichnet, so folgt daraus schon ohne weiteres, dass es sich bei derselben nur um Moraltheologie handeln kann, nicht um Moralphilosophie. Dennoch müssen wir bei diesem Punkte etwas verweilen, da bei den Schriftstellern eine Meinungsgleichheit über denselben nicht zu bestehen scheint. Allerdings zeigt ja die Bekanntschaft mit dem Inhalt, dass Albert nicht nur von Philosophen, insonderheit Aristoteles, Entlehntes einmischt, sondern dass auch der ganze Ton seiner Darstellung auf den Hilfsmitteln der

Philosophie beruht. Diese Verquickung von Vernunft und Offenbarung ist jedoch, worauf wir schon pg. 12 hinwiesen, gemeinsame Gepflogenheit der Scholastiker, die erst das Wesen ihrer wissenschaftlichen Form ausmacht. Aber als Grundfels, auf den alles gebaut ist, machen sich doch in deutlichster Weise die Sätze der Kirchenlehre geltend; die Theologie ist die Herrscherin im Reiche der Wissenschaften (cf. auch pg. 20/21). Nach unserer Meinung kann daher bei den Scholastikern nur von Moraltheologie gesprochen werden, woran auch einige Ausnahmen, wenn es welche sind, wie etwa das Werk des Hildebert von Tours, nichts ändern. Aus diesem Grunde sehen wir den Versuch Stäudlins, die mittelalterliche Moral sowohl in seiner Geschichte der Moralphilosophie (Hannover, 1822) als in seiner Geschichte der Sittenlehre Jesu (Göttingen, 1823, Band 4) abzuhandeln, für missglückt an, was der Verfasser übrigens fast selbst zugeben muss, indem er in ersterem Werke die philosophischen Begriffe |Freiheit, Tugend, Glückseligkeit u. a. doch stets — mit Recht! — mit den theologischen der Gnade und Erbsünde in Verbindung bringt und an mehreren Stellen sich auch zu der ausdrücklichen Bemerkung genötigt sieht, dass zur Verhütung einer Entstellung auf einiges Theologische doch nicht zu verzichten sei. Eine Trennung ist eben einfach nicht möglich, beides hängt organisch zusammen. Wenn nun ferner Sighart (l. c. pg. 364) gar von einer „Moralphilosophie unseres Meisters" spricht im Hinblick auf Alberts Kommentar zur nikomachischen Ethik, damit also zwei Ethiken von Albert konstatiert, so wissen wir nicht, mit welchen Worten wir einen derartigen Fehlgriff kennzeichnen sollen, ganz abgesehen von der sonderbaren und nichtssagenden Blütenlese, die Sighart aus diesem Kommentar vorführt. Derselbe gehört, wie wir schon pg. 16/17 bemerkten, durchaus der reproduktiven Thätigkeit Alberts an, kann also für eine Darstellung der Ethik dieses Scholastikers gar nicht in Betracht kommen.

Im bisherigen haben wir diejenigen Merkmale der albertischen Ethik kennen gelernt, welche dieselbe mit allen anderen Moralwerken des Mittelalters gemeinsam hat. Jetzt wollen wir zusehen, welche Bestandteile sie überhaupt aufweist. Im wesentlichen sind es drei: Dogmatik, Psychologie und, wenn der Ausdruck gestattet ist, eigentliche Ethik. Die Frage, ob dieser Dreibund ein notwendiger oder auch nur berechtigter sei, ist bekanntlich eine alte. Wir wollen uns jedoch hier auf den durch Namen wie Neander, Schleiermacher und vieler neueren Ethiker bezeichneten Streit nicht näher einlassen, sondern erstens unsere Meinung dahin aussprechen, dass für uns eine Ethik ohne Psychologie, eine christliche Ethik ohne Dogmatik unvollziehbare Vorstellungen sind und zweitens darauf hinweisen, dass eine so innige Verbindung der drei Disciplinen, wie sie bei Albert gefunden wird, nicht nur darin, dass wir es hier mit einem Universalwerke zu thun haben, sondern auch in den historischen Verhältnissen seine Erklärung findet. Denn die Dogmatik erlangte ihre Ausbildung viel eher als die Ethik, die sich daher einem mehr oder weniger geschlossenen Ganzen gegenüber befand und sich diesem anzuschmiegen hatte, und die Psychologie, welche schon früh nach der Seite der Moralpsychologie entwickelt und so in den Dienst der Ethik gestellt worden war, erfuhr in jener Zeit durch die Neuerschliessung des Aristoteles eine vorher nicht geahnte Bereicherung und Vertiefung. Betreffs der dogmatischen Seite der albertischen Moral haben wir dem soeben und pg. 61/62 bereits Gesagten hier nichts weiter hinzuzufügen; wir glauben auch beim Inhalt davon gerade so viel ausgewählt zu haben, als zum Verständnis des Ganzen notwendig war. Letzteres gilt auch von dem psychologischen Bestandteile; doch müssen wir auf diesen, soweit er die Thelematologie betrifft, hier noch einmal zurückkommen. Wir sahen pg. 37, dass Albert bezüglich des Begriffes der Willensfreiheit nicht bis zur vollen Klarheit vorgedrungen ist. Daher hat Eberstein, der (Natürliche Theologie der Scholastiker, Leipzig, 1803, pg. 226) Albert ohne weiteres als Indeterministen hinstellt, Unrecht, und Gass, wenn er (Gesch. der christl. Ethik, Band I, Berlin 1881, pg. 326) bemerkt, Albert „mache weniger als Thomas den Willen vom Verstande abhängig, da er zuletzt doch die Ursache seiner selbst sein solle," Recht. Zwar zweifeln wir, durch gewisse wichtige Stellen gestützt, nicht daran, dass Albert mehr auf der Seite der Indeterministen stand. Wie dem aber auch sei, jedenfalls meinen wir, dass hier in der Willenslehre einer jener Punkte vorlag, welche einer näheren Klarstellung dringend bedurften, und dass Thomas und Duns Scotus nur eine geschichtlich überkommene Aufgabe lösten, wenn sie je die eine der beiden möglichen, bei Albert erst keimartig vorhandenen Richtungen mehr oder weniger zu ihrem Extreme hinführten. Dasselbe Schwanken wiederholt sich auf theologischem Gebiet. Einesteils hörten wir, dass jede Sünde eine freiwillige ist, also auf der Wahlfreiheit beruht, andererseits wurde der Concupiscenz, der Folge der Erbsünde, die Eigenschaft zugeschrieben, den Menschen mit einer gewissen Notwendigkeit der Unvermeidlichkeit stets zum Sündigen anzutreiben. Als Semipelagianer begnügt sich Albert damit, beides nebeneinander aufzustellen; dass er abgesehen von der Gnadenlehre, durch welche das Problem nur noch verwickelter wird, nicht den geringsten Versuch macht, das eine als mit dem anderen verträglich zu rechtfertigen, werden wir nicht weiter bedauern. Denn dieser Nachweis wäre ihm so wenig wie irgend einem anderen christlichen Indeterministen gelungen.

Was nun das rein Ethische in Alberts Moral betrifft, so sind auch hier wieder verschiedene Elemente zu unterscheiden. An der Spitze derselben steht der uns schon bekannte doppelte Gegensatz, jenes Prinzip, welches der mittelalterlichen Ethik die besondere Form verleiht (cf. pg. 58 u. 59). Aus ihm oder doch wenigstens aus der durch ihn erzeugten Auffassung des Lebenszweckes sind nun auch alle weiteren Bestandteile in der albertischen Ethik zu erklären. Wir finden deren namentlich drei, nämlich Kasuistik, Scholastik*) und Mystik. So verschieden diese unter einander sonst auch sein mögen, sie treffen doch zusammen in ihrer Hinneigung zu demjenigen, was dem wenig gewürdigten weltlichen Leben im Staate entgegengesetzt ist. Dienen sie doch teils der Kirche, ihrer Macht und ihrer Wissenschaft, teils dem mönchisch-

---

*) Das Wort wird hier natürlich im engeren Sinne verstanden, als ethische Scholastik.

asketischen Wesen, das im inneren Leben der Seele für
sich, im Supranaturalistischen sein Ideal findet. Während
das Kasuistische bei Albert sich noch in engeren
Grenzen hält, sind Mystik und Scholastik, namentlich die letztere, bei ihm bereits stark entwickelt. Man
sollte meinen, dass beide Richtungen, die scholastische
und die mystische, sich feindlich gegenüber ständen;
dennoch waren sie in der Person Alberts im Gegensatz zu späteren Autoren noch zu schönster Harmonie vereinigt. Das eine gewährte ihm Befriedigung für den Verstand, das andere Erquickung für das Herz. Dort ergötzte es ihn, das ethische Material zusammenzutragen,
die sittlichen Begriffe zu zerlegen, das Verhältnis des
Menschen zu Gott und zum Nächsten als ein durch ewige
Gesetze bestimmtes nachzuweisen, hier schildert er die
höchste dem Menschen mögliche Vollkommenheit, indem
er zeigt, wie Gott auf dem kürzesten Wege unter Abstreifung aller Zeitlichkeit erreicht, mithin die Wahrheit
erlebt werden könne. Beides ist gewissermassen ein
geistiges Anschauen, eine contemplatio; nur die Organe,
welche dazu dienen, sind verschieden, dort die Wissenschaft und hier der Glaube oder vielmehr die aus Glauben
geborene Liebe. Verschieden aber ist auch der Wert
beider; denn ewig sein wird allein die Liebe, während
das Wissen des Menschen ihn nicht in das Land seiner
Bestimmung begleiten, sondern der Vernichtung anheimfallen wird (cf. Buch III des Sentenzencommentars, dist. 31,
art. 8 und 10; scientia viae in toto evacuabitur in patria).
Dieser durch Kasuistik, Mystik und Scholastik gebildete
Rahmen schliesst nun den reichhaltigen ethischen Stoff, den
wir bis ins einzelne bereits verfolgt haben, in sich ein.
Demjenigen, welcher näher zusieht, wird nicht entgehen,
dass bei Albert im allgemeinen kaum etwas von dem fehlt,
was man in einer Ethik zu erwarten berechtigt ist. Wir
finden dem Stoffe, wenn auch nicht der Behandlung nach,
sowohl eine allgemeine wie spezielle Moral. Vor dem Vorwurfe, als übertrügen wir kritiklos auf einen Complex
von Lehren Einteilungsprinzipien, die eigentlich nur bei
einem System anwendbar sind, und auch da vielleicht nur
dann, wenn der betreffende Verfasser selbst so verfährt,

wird uns unsere ausdrückliche Erklärung schützen, dass wir es bei Albert mit einem systematischen Ganzen nicht zu thun haben. Wenn wir jetzt trotzdem eine allgemeine und spezielle Moral bei Albert unterscheiden, so geschieht dies nur, um einen neuen Massstab zur Prüfung seiner Ethik zu gewinnen. Nach Köstlins mustergiltiger Einleitung zu seiner Geschichte der Ethik (Tübingen, 1887, Band I), der wir uns im folgenden anschliessen, fragt eine allgemeine Moral nach den sittlichen Lebenszwecken, nach den Gesetzen, nach der sittlichen Bestimmung des Menschen und nach dem höchsten Gute. Ins Albertische, um nicht zu sagen ins Mittelalterliche, übersetzt würden die Antworten auf diese Fragen ganz kurz so lauten. Die Wesenheit des Menschen beruht auf der Vernunftbegabtheit, die ihn zum Bewusstsein seiner selbst und der Welt führt. Hieraus ergeben sich auch seine Lebenszwecke, die teils auf das Endliche-Irdische, teils auf das Unendliche-Himmlische gerichtet sind. Beide, die reellen wie die ideellen, sollen es mit dem Guten zu thun haben; aber die ersteren besitzen den geringeren, wenn überhaupt irgend welchen Wert. Durch das blosse Setzen und Erstreben eines Zweckes ist jedoch das Wollen und Thun des Menschen noch nicht genügend bestimmt. Jeder Zweck muss unter den Endzweck gestellt sein, das Gute unter das höchste Gut, das Belieben des Guten unter das Sollen des Guten. Es ist also eine Maxime nötig, die dem Willen als Richtschnur für das sittliche Handeln dient; dieselbe ist gegeben im göttlichen Gesetz. Je mehr beides, das Wollen und das Sollen, sich durchdringt, je mehr also der sittlichen Bestimmung des Menschen nachgekommen wird, desto höher ist die Stufe der menschlichen Glückseligkeit, die nach ihrer Vollkommenheit erst im Jenseits erreicht wird, und desto grösser die Annäherung an das höchste Gut, welches objectiv in Gott, subjectiv im Geniessen desselben besteht. Darüber nun, wie der in der allgemeinen Ethik aufgestellte sittliche Zweck des menschlichen Lebens verwirklicht werden kann, handelt die spezielle Ethik. Man pflegt seit Schleiermacher dieselbe in Güter-, Pflichten- und Tugendlehre einzuteilen. Weit entfernt, dass Albert selbst eine solche Dreiteilung im Auge gehabt hätte, so lässt sich doch thatsächlich der ethische Stoff bei ihm nach diesen Gesichtspunkten betrachten. Hauptsächlich finden wir die Lehre von der Tugend und deren Gegensatz, dem Laster, behandelt. Einer nochmaligen Schilderung derselben an dieser Stelle sind wir durch unsere Inhaltsangaben überhoben. Aber auch zu einer Güter- und Pflichtenlehre sind die Keime vorhanden. Bezüglich der ersteren erinnern wir nur an die Ausführungen im ersten Teil der summa (cf. pg. 22—28), betreffs der letzteren namentlich an das Kasuistische. Alle drei, Tugenden, Güter und Pflichten, erhalten ihre Rangordnung, ihren Wert erst von der Dignität des Lebenszweckes, zu welchem sie mitwirken.

Während wir im vorhergehenden die albertische Ethik nach ihrer Zusammensetzung beleuchteten, hatten wir schon öfter Gelegenheit, einen Blick auf die Genesis derselben zu werfen. Jetzt wollen wir davon im Zusammenhange reden. Von der Kasuistik sehen wir hierbei ab, da sie weniger auf der Gelehrsamkeit als auf der Beichterfahrung Alberts beruht. Die übrigen Bestandteile jedoch, Dogmatik, Psychologie, Scholastik und Mystik, weisen auf litterarische Quellen zurück. Diese Abhängigkeit von fremdem Gute kann uns an sich selbst nicht wundern; war es doch die Aufgabe der scholastischen Wissenschaft, den von Jahrhunderten hervorgebrachten Stoff zu einem einheitlichen Ganzen zusammenzufassen und dadurch das Bedürfnis der Kirche nach Macht und Ansehen zu befriedigen. Hier haben wir nur zu untersuchen, welche Autoren Albert für seine Ethik benutzt hat und wie er dabei verfuhr. Seine Quellen sind teils christliche teils antike. Nicht leicht lässt er sich etwas entgehen; sehr bezeichnend sagt Rénan darüber in seinem Buche Averroës et l'Averroïsme pg. 184: „Albert a coutume de fondre dans son texte tout ce qu'il a entre les mains." In den von uns durchgesehenen Teilen seiner Werke haben wir mehr als 100 Namen von Schriftstellern gezählt, unter denen die christlichen weitaus überwiegen. Dieser überwältigenden Zahl gegenüber können wir natürlich nicht entfernt daran denken, die Stellungnahme Alberts zu jedem einzelnen derselben zu erwägen. Wollten wir es thun, so würden wir teils die unserer Arbeit gesteckten Grenzen weit überschreiten, teils oft in Verlegenheit geraten, da Albert sehr geringe litterarhistorische Kenntnisse besass und meist aus dem Kopfe citierte, folglich oft Irrtümern ausgesetzt war. Ebenso wie bei der Betrachtung der Bestandteile können wir auch hier uns nur auf das Hauptsächlichste einlassen. Von allen Schriftstellern haben zwei vornehmlich auf Albert gewirkt, Petrus Lombardus und Aristoteles. In dem Sentenzenwerke des Lombarden lag eine Vereinigung der Resultate vor, welche die dem 13. Jahrhundert vorangehende Epoche auf dem Gebiete der wissenschaftlichen Theologie (der „religiösen Metaphysik" nach Luthardts Ausdruck; cf. seine Geschichte der christl. Ethik, Leipzig, 1888, Bd. I, pg. 301) gezeitigt hatte. Durch seinen grundsätzlichen Versuch, die Doktrinen der Väter unter einander zu verbinden und auszugleichen, war es eine neue und auf Jahrhunderte hinaus epochemachende Leistung. Wie sehr auch Albert dieselbe schätzte, geht daraus hervor, dass er die Sentenzen nicht nur, wie viele andere, commentierte, sondern auch für seine summa als Vorbild benutzte, dem er sich sowohl hinsichtlich der Anordnung als auch der Auswahl des Stoffes eng anschloss. Dies geht aus einer Vergleichung zwischen beiden auf den ersten Blick hervor; dazu kommt, dass Albert selbst in der summa, namentlich im zweiten Teile derselben, durchgehends auf die Sentenzen Bezug nimmt. Was Aristoteles betrifft, so können wir hier nur daran erinnern, dass das genaue Bekanntwerden seiner Werke und der arabischen Kommentare zu denselben im Anfang des 13. Jahrhunderts eine vollständige Umgestaltung der mittelalterlichen Wissenschaft und damit den Höhepunkt der Scholastik herbeiführte, und dass gerade Alberts Verdienst es war, den Stagiriten seinen Zeitgenossen in ansehnlichem Umfange verständlich gemacht zu haben. Aus diesem nahen Umgange mit den Werken des Aristoteles erwuchs ihm als Frucht zunächst eine neue auf einer gewissen stets gleichmässig wiederkehrenden Form beruhende Methode der Darstellung (cf. pg. 13), welche hauptsächlich durch ihn ausgebildet und dann allgemein angewandt wurde. Eine weitere Folge des Studiums und zugleich der Wertschätzung des „Philosophen" war die materielle Entlehnung, die, von Albert bereits in ausgedehntem Masse betrieben, für uns hier nur auf dem psychologischen und ethischen Gebiete in Betracht kommen kann. Betreffs der psychologischen Doktrin des Aristoteles wollen wir hier nur bemerken, dass durch ihre Aufnahme in die christliche Wissenschaft „die mittelalterliche psychologische Forschung zu einem erstmaligen systematischen Abschluss gelangte." (K. Werner, der Entwicklungsgang der mittelalt. Psychologie von Alcuin bis Albertus Magnus. Denkschriften der kaiserl. Akad. d. Wissensch. Band 25, Wien, 1876), was hauptsächlich auf Rechnung Alberts zu setzen ist. So weit sich dessen diesbezügliche Ausführungen für seine Ethik verwerten lassen, haben wir im zweiten Teil unserer Abhandlung davon Kenntnis genommen. Über die Benutzung der aristotelischen Ethik durch Albert muss zunächst gesagt werden, dass derselbe, wie u. a. aus seinem Kommentar zur nikomachischen Ethik tract. I, cap. 7 hervorgeht, diese sowohl wie auch die eudemische und die grosse kannte. Wir haben hier jedoch keine Veranlassung, das Verhältnis Alberts zu jeder einzelnen derselben, die Art der ihm zu Gebote stehenden Übersetzung (translatio vetus resp. nova), die Abhängigkeit von den Kommentatoren und dergleichen nachzuweisen. Diese Fragen würden ihre Erörterung in einer Arbeit finden müssen, welche sich speziell mit der Betrachtung Alberts als Interpreten der nikomachischen Ethik befasst. Hier ist es vielmehr unsere Aufgabe, festzustellen, wie weit die albertische Moral durch Aristoteles materiell bereichert wurde. Wir denken hierbei zunächst an die Citate, die hauptsächlich in der summa in mächtiger Anzahl vorhanden sind, aber doch nur mehr nach der formellen Seite als Schmuck- oder Beweismittel angesehen werden können. Für uns handelt es sich hier hauptsächlich um das Gerippe, das dem Körper der Ethik eine feste Form verleiht. Dergleichen Grundbegriffe sind z. B. die Lehre von der Negativität des Bösen, vom Endziel, von der Tugend, vom Gesetz. Nicht nur diese, sondern auch viele ihrer näheren Beziehungen, ihrer Einteilungen u. s. w. sind von Aristoteles auf Albert übergegangen. So finden wir, um nur einiges herauszugreifen, hier wie da das beschauliche Leben neben dem praktisch-weltlichen, die Zerlegung der Tugenden in ethische und dianoëtische, das Merkmal der medietas und der Erwerbung nicht durch Lehre, sondern durch Übung. Im Vergleich zu anderen Disciplinen, wie der Metaphysik, Logik, Naturwissenschaft, ist der Umfang des Einflusses der aristotelischen Ethik aber nach unserer Meinung doch im ganzen ein verhältnismässig beschränkter. Hierfür dürfte zweierlei als Erklärungsgrund in Betracht kommen. Einmal der Umstand, auf den wir gleich noch zurückkommen werden, dass Albert als christlicher Ethiker bei aller Begeisterung für den Stagiriten immerhin nur wählerisch in der materiellen Übernahme verfahren konnte und hauptsächlich doch von der christlichen Überlieferung abhängig war. Die andere Ursache, weshalb wir den materiellen Einfluss der aristotelischen Ethik nicht überschätzen dürfen, ist in der Thatsache zu suchen, dass der Gesichtskreis der christlichen Ethiker schon früh, bereits vor Augustinus und von da an mehr und mehr, durch Verwertung der klassisch überlieferten Gemeinbegriffe erweitert worden war. Demgemäss konnte die Neuerschliessung der aristotelischen Ethik doch nur eine Bereicherung des schon Vorhandenen, ein Fortschreiten auf längst betretenem Wege bedeuten, womit wir keineswegs leugnen wollen, dass Albert thatsächlich manches Neue aus der Antike in die christliche Ethik hinübergebracht hat.*) Die Annahme nun, Alberts Verhältnis zu Petrus

---

*) Wenn wir neben Aristoteles nicht ausdrücklich auch Plato unter den Quellen Alberts nennen, so geschieht dies nicht etwa in dem Sinne, als ob unser Scholastiker dem Lehrer des Stagiriten nichts verdankte. Vielmehr lehrt ja ein schneller Blick schon auf den von uns gebrachten Inhalt der summa, dass Albert nicht wenige Sätze und Gedanken dem Plato entlehnt hat, wofür wir als Beispiel nur die Benutzung der Ideen- und Tugendlehre Plato's anführen. Aber der Einfluss Plato's war zu Alberts Zeit doch schon ein geringerer als früher. War die erste Hälfte des scholastischen Zeitraums platonisch bestimmt, so bewegte sich die zweite (vom 13. Jahrhundert ab) im aristotelischen Gedankenkreise, in den man sich mehr und mehr hineinlebte. Cf. hierüber H. v. Stein, Sieben Bücher zur Geschichte des Platonismus, Gött., 1862-75, Buch 5.

Lombardus und Aristoteles, resp. zu den christlichen und antiken Quellen, sei das einer blossen Hinübernahme, eines ängstlichen Anschlusses gewesen, würde eine irrtümliche sein. Dass er formell über Lombardus insofern hinausging, als er eine neue, von Aristoteles übernommene Methode der wissenschaftlichen Darstellung einführte und dadurch das äussere Gewand zu einem echt scholastischen gestaltete, haben wir bereits angedeutet. Teils durch diese selbst, teils durch die bei dem Verfasser der Sentenzen vorliegende Knappheit ergab sich naturgemäss die Veranlassung auch zu einer Bereicherung des Inhalts. Von der umfassenden Benutzung der heiligen Schrift abgesehen, werden fast alle Patristiker und Scholastiker von den ältesten bis zu den unmittelbaren Vorgängern und Zeitgenossen wie Anselm und Hugo von Sanct Victor resp. Alexander Halesius durch Albert benutzt. Sie werden alle abgehört, und wo ihre Lehre mit der Meinung Alberts nicht zusammenstimmt, dieselbe teils als falsch zurückgewiesen, teils vermöge des Kunstgriffs einer Distinction in gewissem Sinne zugegeben und so gerettet. Wir haben von einer durchgehenden Nennung dieser Namen bei unserer Inhaltsangabe mit Fleiss abgesehen, denn wir hätten fast bei jedem Satze einen Gewährsmann anführen müssen, und die Hauptsache lag für uns doch darin, Alberts eigene Meinung, seine Entscheidung zwischen dem Gewirr der Stimmen vorzuführen. Zu bemerken ist nur, dass einige Namen besonders häufig citiert werden. Zu diesen gehört neben Gregor d. Gr., Isidorus Hispalensis, Dionysius Areopagita, Boëthius etc. in erster Linie Augustinus. Dieser wird ausdrücklich als Autorität für Dogmatik und Ethik gewürdigt; als Beleg hierfür sei nur folgende Stelle mitgeteilt: ‚dicendum sic, quia hoc dicit Augustinus aperte, cui contradicere impium est in his quae tangunt fidem et mores.‘ Dass es sich hierbei freilich nicht um den ganz echten Augustinus handelt, sondern um eine ins Semipelagianische gemilderte Form der Lehren desselben, ist von uns schon berührt worden. So sehr Albert nun aber auch das Bedürfnis empfindet, sich an Autoritäten anzulehnen, und so sehr er hierdurch auch im grossen und ganzen in der Überlieferung stecken bleibt.

so lässt sich doch nicht sagen, dass er ganz und gar auf eigenes Nachdenken verzichtet hat. Überraschende Züge freilich würde man bei ihm vergeblich suchen. Die unbeschränkte Anerkennung des weltlichen Lebens, der Verzicht auf eine doppelte Ethik, eine höhere und eine niedere, würde eine solche epochemachende Neuheit gewesen sein; aber wir sahen, dass Harms dieselbe unserem Ethiker mit Unrecht zuerkannt hat. Eigene Physiognomie zeigt Albert ausser den ihm verdankten, schon mitgeteilten allgemeineren Punkten, im wesentlichen nur im kleinen, im Rankenwerk der Beweisführung, in der eigenartigen Beleuchtung und näheren Untersuchung bekannter Probleme, in der Erfindung neuer und Spaltung alter Fragen; so wird manche Ausserung durch ein meo indicio oder sine praeiudicio melioris sententiae eingeführt. Mehr Selbständigkeit als in der Benutzung der christlichen Quellen zeigt Albert als Gefolgsmann des Aristoteles. Wir haben hierbei natürlich nur die Ethik im Auge; wie weit oder wie wenig unser Ausspruch auf andere Disciplinen Anwendung findet, ist hier nicht die Frage. Wir müssen mit Schneid (Aristoteles in der Scholastik, ein Beitrag zur Geschichte der Philosophie im Mittelalter, Eichstädt, 1875, pg. 141—148) anerkennen, dass in der Anstelligmachung der Ethik des Stagiriten sich durchgängig der Wille zeigt, das Heidentum durchs Christentum zu verklären. So wird z. B. die Glückseligkeit des Menschen nicht schon auf dieser Welt, sondern erst im Jenseits erlangt, das contemplative Leben für ein übernatürliches, nicht für ein abstraktives Erkennen erklärt, an die Stelle des Endlichen das Unendliche und der Natur die Gnade gesetzt, die theologische Tugend zur bürgerlichen hinzugefügt und über dieselbe gestellt, das menschliche Gesetz durch das göttliche ergänzt. All' das schliesst aber nicht aus, dass aus der Einführung des Antiken in das Mittelalterliche, des Philosophischen in das Theologische auch mancher Nachteil für die christliche Ethik erwachsen ist. Die Benutzung der aristotelischen wie überhaupt der altphilosophischen Ethik durch die Scholastiker, ist verschieden beurteilt worden. Teils hat man dieselbe für unvermeidlich angesehen und so manches Fehlerhafte entschuldigt (z. B. Gass, l. c.

pg. 351), teils die Meinung ausgesprochen, dass überhaupt jede Entlehnung aus der Antike hätte unterbleiben sollen (Luther; Neander). Wie man auch hierüber denken mag, die Thatsache, dass manches nicht zusammenpasst, bleibt bestehen. Der hierbei sich geltend machende Mangel an Kritik fällt nach unserer Meinung um so mehr ins Gewicht, als die Scholastiker doch in anderen Punkten, z. B. bezüglich der aristotelischen Lehre von der Ewigkeit der Welt und des Monopsychismus der Araber, sich der unchristlichen Einflüsse mit Nachdruck zu erwehren vermocht haben. Wie sich im einzelnen die aus Aristoteles' Ethik entlehnten Sätze zu der christlichen Sittlichkeit verhalten, hat Redepenning (Über den Einfluss der antiken Ethik auf die Moral des Thomas von Aquino, Jenenser Inaug.-Diss., Goslar, 1875) in Bezug auf die Moral des Aquinaten und damit, fügen wir hinzu, überhaupt auf die mittelalterlichen Ethiker untersucht. Es ergiebt sich hierbei eine Reihe von Punkten, die deutlich zeigen, dass der klassische und christliche Gedankenkreis zwei verschiedene Welten sind, dass Heterogenes sich nur in widerspruchsvoller Weise verbinden lässt. Wir erinnern hier nur an die Zweiteilung der Tugenden in moralische und intellektuelle, an den Vorrang der letzteren, an die Definition der Tugend als eines Mittleren, an die höchste Glückseligkeit der Beschauung im Geist (resp. im Geist und Willen bei Albert), alles Vorstellungen, die mit der christlichen Anschauungsweise nichts zu thun haben. Im übrigen verweisen wir auf die genannte Arbeit, da sie zum grösseren Teile auch auf Albert passt, wofern man nur nicht vergisst, dass Thomas den Aristoteles weit umfänglicher benutzt als Albert, und ferner, dass zwischen diesem und dem Aquinaten einige Lehrdifferenzen bestehen.

Hiermit schliessen wir unsere Bemerkungen über die Quellen der albertischen Ethik und über die Art ihrer Benutzung durch unseren Scholastiker. Als Resultat derselben ergab sich, dass wir es weit mehr mit Compilation als mit Vorführung eigener Gedanken und Erschliessung neuer Wege zu thun haben. Jede wissenschaftliche Leistung nun pflegt nicht nur mehr oder weniger an vorhergegangene Arbeiten anzuknüpfen, sondern auch den Keim zu späteren in sich zu tragen. Diese oft gemachte Erfahrung enthält für uns die Aufforderung, das Verhältnis der Ethik Alberts zu den anderen Moralwerken des Mittelalters, wenn auch kurz, zu untersuchen. Eine allzu grosse Weitherzigkeit im Aufsuchen und Feststellen von Entlehnungen absichtlich vermeidend, wollen wir zunächst erwähnen, dass es ein schlüpfriges Gebiet ist, das wir hier betreten. Wenn man erwägt, in wie hohem Masse die mittelalterliche Wissenschaft von der Überlieferung abhängig war, die Scholastik ferner geradezu die Aufgabe hatte, das litterarische Chaos vergangener Jahrhunderte zu sichten, die beinahe einzige Neuheit schliesslich, welche zum Alten hinzugebracht wurde, nämlich die Einführung des Aristoteles, eine alle erfassende Bereicherung war, so wird man sich nicht wundern dürfen, wenn im grossen und ganzen überall derselbe Stoff und dieselbe Methode entgegentreten. Hierzu kommt noch, dass wir über die Zeit und Art der Entstehung der meisten scholastischen Werke nur sehr ungenau unterrichtet sind. So werden wir also auch bei der Prüfung der Ethik Alberts auf ihren Einfluss hin sehr vorsichtig verfahren müssen. Derselbe könnte sich auf diejenigen mittelalterlichen Ethiker beziehen, welche zwischen dem Anfang seiner Lehrthätigkeit und dem Abschluss der scholastischen Epoche liegen. Da Thomas und Duns Scotus Schule machten, also die meisten ihrer Schüler sich eng an sie anschlossen, und andererseits mit dem Nominalismus eine neue Fahne der Wissenschaft aufgepflanzt wurde, die wieder ihre Genossen um sich sammelte, so können wir uns bei unserer vergleichenden Umschau auf die zeitgenössischen Ethiker ausser Thomas und Duns und auf diese selbst eine Beschränkung erlauben. Bezüglich der ersteren kommen in Betracht Alexander Halesius († 1245, Franz.), Wilhelm von Auvergne († 1249), Peraldus († vor 1250, Dom.), Vincenz von Beauvais († zw. 1260 u. 70, Dom.) und Bonaventura († 1274, Franz.). Eine nähere Betrachtung der ethischen Schriften derselben lässt nun — abgesehen von dem Encyklopädiker Vincenz, der ja überhaupt nur Sammler ist und als solcher auch Albert oft citiert — durchaus nichts finden, was auf diesen notwendig zurückwiese. Vielmehr ist der ethische Stoff, wie er bei diesen Männern vorliegt, der alt-überkommene; auch sie schöpften aus denselben Quellen, welche auch Albert benutzte, namentlich teils aus Lombardus, teils aus Aristoteles, teils aus den Victorinern. Dass die genannten Ethiker, anstatt sich einem Vorbilde überhaupt ganz und gar anzuschliessen, vielmehr neben dem aus der Überlieferung Stammenden auch mehr oder minder Eigenes aufweisen, sei nebenher kurz erwähnt; man denke z. B. an die Gesetzeslehre bei Alexander Halesius, an den teilweisen Widerspruch des Wilhelm von Auvergne gegen Aristoteles, an die gewollte Volkstümlichkeit bei Peraldus. Wie steht es nun mit einer Einwirkung Alberts auf die Ethik des Thomas († 1274, Dom.) und Duns Scotus († 1308, Franz.)? Was Thomas betrifft, so ist bekannt, dass derselbe von seinen Oberen dem Albert als Schüler zugeführt wurde. Wann dies geschah — es herrscht über den Zeitpunkt eine Controverse —, ist für uns nicht von Belang; jedenfalls kam Thomas früh zu Albert in die Lehre und blieb bei demselben lange Zeit. Dass das wissenschaftliche'Denken des Aquinaten hierdurch eine bestimmte Richtung erhalten musste, wird niemand leugnen. So gingen vom Lehrer auf den Schüler über nicht nur u. a. die ganze Art der wissenschaftlichen Methode, die gelehrte Benutzung der zu Gebote stehenden reichen Quellen, die grundsätzliche (bei Thomas noch gesteigerte) Berücksichtigung des Aristoteles, die räumliche und sachliche Bevorzugung des ethischen Teils der Theologie, sondern auch manches einzelne. Wie sehr die Vorarbeiten Alberts dem Thomas überhaupt von Nutzen gewesen sind, ist von Ritter (Gesch. der Philos., Hamburg, 1845, Band 8) gezeigt worden. Wir wollen hier in der Einsicht, dass mit Wahrscheinlichkeitsbeweisen doch häufig recht wenig erreicht wird, nicht versuchen, dem Einflusse der albertischen Ethik auf die des Thomas im einzelnen nachzugehen. Nur wünschen wir daran erinnern zu dürfen, dass man doch nicht berechtigt ist, alles, was Thomas mit seinem Lehrer gemeinsam hat, nun gleich auf dessen Rechnung zu setzen. Wenn daher Gass (l. c. pg. 325) bemerkt, „die Sätze, der Mensch ist, was er ist, wesentlich als Intellect, mögen auch die Affekte seinen Geist umgeben, die Sünde muss als Mangel und Beraubung definiert werden, das Lebensziel ist Beseligung durch Gottesanschauung, wie auch die Begriffe des Gewissens, der synderesis, der Tugend gehen von dem einen auf den anderen über," so scheint er hierbei doch die Grenzen einer bedachten Kritik zu überschreiten. Denn um die genannten Punkte auch in seiner Moral vorzuführen, dazu bedurfte es für Thomas doch wahrlich nicht der Dazwischenkunft Alberts, sondern nur eines Griffes in das überlieferte Material! Vielmehr werden wir gut thun, nur im allgemeinen, wie schon angegeben, die Beeinflussung zuzugeben. Ebenso entfernt wie von einer absichtlichen Zurückhaltung gegen Alberts Lehren ist Thomas nun aber auch von einem urteilslosen Anschluss an seinen Meister. So wusste er durch „Neuheit der Einteilung, grössere Kürze und Präzision der Thesen und Beweisführungen, positive Haltung, Ausscheidung mancher unnötigen Untersuchungen" (Sighart l. c. pg. 241), systematischeren Geist und kritischeren Blick die Unvollkommenheiten des Vorgängers zu vermeiden. Als besondere Vorzüge der secunda des Thomas verdienen die Beseitigung der Unentschiedenheit in der Willensfrage — Thomas ist Intellektualist und infolge davon Determinist —, die Neuschöpfung einer umfassenden Gesetzeslehre durch Anschluss an die von Alexander Halesius gelegte Grundlage, sowie die Lehre von den passiones herausgehoben zu werden. Also möge man Thomas nicht ganz und gar auf die Schultern seines Lehrers setzen. Den Ruhm der Priorität und der Wegbereitung für das nachfolgende Werk wird der albertischen summa nie streitig gemacht werden. Über Duns als Ethiker sei hier nur bemerkt, dass auch er, wie selbstverständlich ist, vieles dem Stoffe nach mit Thomas und Albert gemeinsam hat, sonst aber bekanntlich in manchen Beziehungen von der Lehre der Dominikaner abweicht. Trotz dieses Schulgegensatzes mag er von Albert, wie wir schon pg. 64 als wahrscheinlich hinstellten, den Indeterminismus (oder doch wenigstens den Keim dazu) und damit auch als Konsequenz des Willenprinzipes für die mystische Beschauung die Willens- (nicht wie bei Thomas Verstandes-) Hingabe an Gott in der Liebe entlehnt haben. Die Ethik der Nominalistenschule lassen wir aus dem bereits genannten Grunde unberücksichtigt. Nur kurz möchten wir schliesslich darauf hinweisen, dass der mystische Gehalt der Schriften Alberts nicht ohne Einfluss auf die deutsche Mystik geblieben ist (cf. Greith, Die deutsche Mystik im Predigerorden, Freiburg i. B. 1861); es ist nicht unwahrscheinlich, dass Eckhart selbst noch den unmittelbaren Unterricht Alberts genossen hat (cf. Lasson in Überweg-Heinze, Gesch. der Philos., Berlin, 1886, II. pg. 271).

Bei der Betrachtung der albertischen Ethik nach ihren Bestandteilen, ihren Quellen und ihrem Einfluss hatten wir bereits oft Gelegenheit, unsere kritische Stimme abzugeben. Jetzt wollen wir zum Schluss das Wort zu einem zusammenhängenden Urteil ergreifen. Ein solches wird zwar dadurch nicht unbedeutend erschwert, dass die Ethik Alberts mit zwei verhängnisvollen äusseren Widrigkeiten zu kämpfen hat. Erstens ist sie nicht ein abgeschlossenes, zweitens nicht ein zusammenhängendes Ganzes. Dennoch, glauben wir, liegt genug vor, um eine Beurteilung zu ermöglichen. Wie wir sahen, zeichnet sich Alberts Ethik durch eine gewisse Vollständigkeit der in ihr behandelten Fragen vorteilhaft aus, wenigstens soweit es sich um die Regelung der moralischen Verhältnisse des einzelnen Menschen handelt; denn die weiteren Gebiete, die heute vielfach mit in den Umkreis der Ethik einbezogen werden, die Sozialethik und Politik, haben im Mittelalter, mit Ausnahme etwa des polycraticus des Johannes von Salisbury, fast keine Behandlung gefunden. Wenn man ferner erwägt, dass die mittelalterliche Kirche die Aufgabe hatte, die Völker zu erziehen, und dass zur Lösung derselben neben der Disciplin in erster Linie die Wissenschaft geeignet war, so wird man allen Bestrebungen, welche zur Entwicklung der Macht und des Ansehens der Kirche beitrugen, die Anerkennung nicht versagen. Offenbar kommt in dieser Beziehung gerade der Ethik eine hohe Bedeutung zu; sind doch in ihr, so zu sagen, Wissenschaft und Disciplin zu einer Einheit verbunden. Wollte Albert eine den Bedürfnissen der Kirche entsprechende Ethik verfassen, so musste er nach Inhalt und Form nich geringen Anforderungen genügen. Hierzu bahnte er sich den Weg durch praktische Ergreifung der ihm zu Gebote stehenden Hilfsmittel. Volles Lob verdient, dass er sich hauptsächlich an die Sentenzen des Lombardus anlehnte. Dieselben waren eine verdienstliche Leistung, die höchstens nach Umfang und Art der Darstellung einer Erweiterung fähig waren. Albert lieferte beides, indem er nicht nur eine unübersehbare Menge von Kirchenvätern und -lehrern sowie auch anderen Schriftstellern mit ihren Meinungen heranzog und so die knappe Weise des Petrus bereicherte, sondern auch in der Aneignung der aristotelischen Methode sich ein geeignetes Mittel erkor, um dem Inhalt auch die passende Form zu verleihen. Auch aus einem anderen Grunde war für unseren Ethiker das Studium des Aristoteles von Vorteil, denn man darf wohl sagen, dass Albert von den Vorzügen dieses „ersten Wissenschaftslehrers der Ethik," der psychologischen Gründlichkeit und der praktischen Beobachtung, nicht unberührt geblieben ist. Zu diesen wissenschaftlichen, scholastischen und kasuistischen, Darbietungen gesellte sich in anderen Werken der mystische Erguss des frommen Herzens. Auch durch letztere diente er der Kirche, da im Grunde genommen doch auch die Mystik mehr die Kirche als das Christentum zu fördern suchte (Lasson l. c. pg. 268). So half Albert zu dem stolzen Bau der Hierarchie auch durch seine Ethik mit. Sie gehört naturgemäss zu den streng konservativen Formulierungen der katholischen Ethik; Originaleres, wie Abaelards scito te ipsum, bleibt als verdächtig völlig unbeachtet, der averroistische Libertinismus wird als gefährlicher Feind der Kirche streng zurückgewiesen. Wichtige Begriffe der christlichen Moral (wenn nicht die wichtigsten), wie die der Sünde und Busse, finden eingehendste Erörterung, wodurch gleichsam angezeigt wird, dass dem Verfasser die Bedeutung derselben nicht entgangen ist; auch das Hauptproblem aller Ethik, die Willensfreiheit, wird in ausgedehnter Weise behandelt, wenn auch freilich nicht zu einem befriedigenden Abschluss gebracht. Nicht vergessen soll ferner sein, dass das Leben Alberts eine glänzende Erfüllung seiner eigenen ethischen Lehren genannt werden muss. Zwar haben Leben und

Lehre eines Mannes an sich keine notwendige Beziehung zu einander; man denke an Schopenhauer im Gegensatz zu Spinoza. Aber wenn beides sich in einer Persönlichkeit so innig berührt und deckt, wie bei Albert, so verdient dies ausdrücklich betont zu werden. Nach dem einstimmigen Urteil seiner Zeitgenossen verband derselbe mit hoher persönlicher Würde eine seltene Lauterkeit und Heiligkeit des Lebens, mochte er als Mönch in einsamer Stille sich der Denkarbeit des Gelehrten oder dem Herzensbedürfnis des gläubigen Katholiken hingeben, oder als Beauftragter seines Ordens und der Kirche für Hebung von Zucht und Sitte wirken.

Hiermit hätten wir wohl die hauptsächlichsten Verdienste Alberts als Ethikers namhaft gemacht. Leider können wir aber hiermit unsere kritischen Bemerkungen über die Moral desselben nicht beschliessen. Denn ausser dem, was unser Lob in Anspruch nahm, bleibt noch ein „Rest, zu tragen peinlich." Die von uns geschilderten Vorzüge waren teils innerlicher Natur, teils, und besonders, bezogen sie sich auf den mehr äusseren Umstand der Übereinstimmung mit den Bedürfnissen der Kirche. Aus diesen zuständlichen Verhältnissen können nun auch, wenn man will, alle Mängel, die alsbald genannt werden sollen, hergeleitet werden. Sind dieselben also auch vom historischen Standpunkte aus zu begreifen, vielleicht sogar zu entschuldigen, so müssen sie doch vom christlich-sittlichen aus — und dies ist der höhere von beiden — ernst gerügt werden. Zu diesen Mängeln zählen wir nicht, wie wohl v. Hartmann thun würde, die ausgesprochene eudämonistische Richtung unserer Moral; denn diese „zeigt sich," wie Heinze (Der Eudämonismus in der griech. Philos., Abhandl. der kgl. sächsischen Gesellschaft der Wissensch., Leipzig, 1883, p. 1) bemerkt, „bis jetzt wenigstens in jedem System der Moral, sei es, dass sie offen anerkannt wird, sei es, dass man sie erst bei genauerem Suchen entdeckt." Vor allem muss vielmehr getadelt werden die einseitig-kirchliche Fassung. Wird alles nur teils auf die Kirche teils auf das Mönchtum, gewissermasen einen Ausschnitt derselben von noch höherer Vollkommenheit, bezogen, so bleibt nichts für das natürliche Leben in der Welt übrig.

Wie dieses von Albert bei aller Besprechung der weltlichen Tugenden vernachlässigt wird, haben wir gesehen. Diese Verkennung des Irdisch-Natürlichen, das erst durch den Humanismus und die Reformation wieder zur gebührenden Geltung kam, war nicht nur selbst ein Fehler, sondern musste auch solche, und zwar schwerwiegender Art, im Gefolge haben. Oder ist es nicht eine arge Verdrehung der Sittlichkeit, wenn neben der christlichen Pflicht des Gehorsams noch eine Obedienz gegenüber dem Prälaten aufgestellt, wenn diesem, wie oft geschieht, überhaupt eine ganz besondere Stellung zum Sittengesetz eingeräumt, wenn die perfectio nur in dem gesucht und gefunden wird, der kirchlicher Vorgesetzter und namentlich Vertreter des Mönchsstandes ist, wenn die doch nicht jedem einzelnen mögliche Contemplation als höchste Thätigkeit gepriesen wird, kurz wenn eine doppelte Moral zustande kommt? Wo bleibt gegenüber dieser aristokratisch-mönchischen Moral die des gemeinen Lebens, des gemeinen Mannes?! Ein weiterer Fehler folgt aus der Art der Abhängigkeit von den fremden Quellen. Brachte eine umfangreiche Benutzung derselben auch die Vorteile der Bergung längst aufgespeicherter Schätze und des Ruhmes der Gelehrsamkeit mit sich, so hätte doch ein gewisses Mass darin nicht überschritten werden dürfen. Zunächst aus einem praktischen Grunde, weil der Reichtum des Inhalts oft mit dem Verlust der übersichtlichen Deutlichkeit erkauft wird, für den Verfasser wie für den Leser. Ganz besonders aber ging aus dem unwählerischen Aufraffen aller möglichen Dinge der innere Mangel des Vorhandenseins von Widersprüchen und Unklarheiten aller Art hervor; erinnert sei nur an die üble Beschaffenheit der Willenslehre und an die mangelhafte Verknüpfung des antiken Elementes mit dem christlichen. Um jeden Preis wollte man allen Stoff, wo man ihn auch fand, zur Aufführung des Baues nutzbar machen; dass dies auf Kosten der Festigkeit desselben geschah, übersah man. Wie übrigens nicht unberührt bleiben darf, wurde durch diese Überladenheit auch der Charakter des christlichen Ethos selbst betroffen. Echt christliche Empfindung und belebende Wärme findet man eigentlich nur in den mystischen Schriften Alberts; in den anderen wird der Schlichtheit des Christlichen, wie sie demselben doch von Natur eigen ist, durch die vielen Spaltungen und unnützen, oft auch läppischen Fragen nur zu oft Gewalt angethan. Nach allem, was wir vorbrachten, kann unser Urteil über Alberts Moral nicht mehr zweifelhaft sein. Überblickt man die Entwicklung, welche die Geschichte der Ethik genommen hat, so zeigt sich hier wie überhaupt in der gesamten Ausbildung des menschlichen Geisteslebens, dass der Gang des Werdens nicht ein stetiger, sondern ein ungleichmässiger ist. Ehe die christliche Ethik von ihren geringen Anfängen in den ersten Jahrhunderten auf die Stufe gelangte, auf welche sie durch Männer wie Kant und Schleiermacher gehoben wurde, musste sie einen weiten Weg durchlaufen. Es war ein Weg, der in wellenförmigen Linien über Berg und Thal führte. Zu den Erhabenheiten kann die von uns besprochene Ethik nicht gezählt werden. Die Lorbeern, welche Albert durch seine Bearbeitung des Aristoteles sowie durch seine in gewissem Sinne noch heute anerkennenswerten Leistungen auf dem Gebiete der Naturwissenschaften sich gewann, sind ihm für seine Ethik versagt geblieben. Diese kann weder als das Morgenrot eines neuen Tages, noch auch selbst als die glänzendste Erscheinung des alten gelten. Denn ohne Zweifel verdient innerhalb des vorreformatorischen Laufes der Ethik die secunda des Thomas vor Albert und den übrigen mittelalterlichen Ethikern bei gleichen Mängeln im übrigen die Palme durch äussere Abrundung, wie durch gewisse innere Beschaffenheiten.

Alles in allem, Alberts Moral war eine scholastisch-fleissige, aber auch zugleich scholastisch-beschränkte, immerhin eine achtunggebietende Leistung, welcher das besondere Verdienst nicht abgesprochen werden kann, Vorarbeit für Thomas gewesen zu sein. Sie hat dem „Engel der Schule" für seinen Flug zur Höhe die Bahn bereitet. Ob diese Höhe für eine absolute angesehen werden kann, wie es von katholischer Seite namentlich seit der päpstlichen Encyclica vom 4. August 1879 behauptet wird, ist freilich eine andere Frage, deren Lösung uns hier nicht obliegt. Noch eine weitere Frage sehen wir im Hinblick auf unsere Arbeit entstehen, ob nämlich Sittlichkeit mit dem Christentum, überhaupt mit Religion, möglich ist (cf. z. B. Ziegler, l. c. pg. 1 — 13 incl.). Wir können diese, ebenso wie die erste, aber nur andeuten; denn auch ihre Beantwortung gehört nicht hierher.

Vita.

Ich, Robert Erich Willy Feiler, wurde am 29. Novbr. 1863 zu Berlin geboren. Meine Eltern, der Geheime Sanitätsrat und Direktor des Königl. Impf-Instituts der Provinz Brandenburg Dr. Robert F. und Frau Minna F., geb. Wildgrube, wurden mir durch einen frühzeitigen Tod entrissen. Mein Glaubensbekenntnis ist das der evangelischen Kirche. Von 1873—1882 besuchte ich das Königl. Friedrich-Wilhelms-Gymnasium zu Berlin; ebendaselbst hörte ich von 1882 an während eines zweimal unterbrochenen Zeitraumes von sechs Jahren die Vorlesungen der Herren Professoren Zeller, Dilthey, Maercker, Paulsen, Dillmann, Weiss, J. Schmidt, Steinthal, Vahlen, A. Kirchhoff, Diels, Huebner, E. Schmidt, Scherer, Roediger, E. Schroeder, Weinhold, Horstmann, Spitta, von Treitschke, A. Wagner, Eichler, F. E. Schulze, Kundt, Pinner, Waldeyer, Hartmann.